劉卓輝 著

歲月無聲

Beyond 正傳 3.0 Plus

U0061480

The Story 1983 —— 2013

目錄

第五個階段：個人發展時期（2006-2013）

前言

先旨聲明，這是一本以我劉卓輝個人角度撰寫 Beyond 樂隊的書。

寫這本書，是一時衝動。

某天在社交媒體網站微博看到羽泉要出一本傳記，羽泉在第一季《我是歌手》最後一場唱《大地》拿冠軍。我當時正對眾籌這玩意很感興趣，便馬上發了一條微博説我要寫本 Beyond 的書，然後在我的淘寶店「輝哥書店」開了個預售項目，開始收錢，預訂訂金十元。心想短期內有幾萬個粉絲支持，就有幾十萬元，我就可以專心找個地方閉關半年寫書了。

世事哪有如此順利的？

就這樣眾籌了一年，也就五百個人付了款。但經常被人追書，迫不得已才開始弄。

一開始找我香港助理九十後的李雨夢，她也是 Beyond 歌迷，在香港嶺南大學念文化研究。她先列了個 Beyond 大事年表，然後我就開始按年份口述回憶，她筆錄。而我又斷斷續續修改了一年才得以面世。所以最早支持我的讀者，不少等了兩年。

我怎麼起「Beyond 正傳」這個名字的？

有些人覺得內容要一本正經的才能叫正傳，但我腦海裡的正傳卻是《阿Q正傳》、《阿飛正傳》、《阿甘正傳》、《靚妹正傳》……後來百度到魯迅解釋何謂正傳，跟我想法差不多，我才輕鬆地寫下去。

坊間存在著一些但不多關於 Beyond 的書籍，我再寫這一本，到底有什麼意義？有一個首要原因是，作者是我，比較「權威」。第二，是一直都有歌迷在網上留言勸我寫。

我也想提供多一個視角給歌迷朋友參考，這是一段屬於我個人的回憶。同時想記錄這一支使我有了「御用填詞人」稱號的樂隊，如何在這一個小城裡打拼，到現在紅遍內地及華人社會，這一段路，他們是怎樣走過來的？

這一本書，以 Beyond 為主軸，側寫香港和內地流行樂壇的面貌、搖滾音樂在香港的發展；與 Beyond 合作過的人有很多，所以我也會談談那些我所認識的音樂人；既然這本書是以我的角度出發，順便也寫我自己。

提醒讀者一句，千萬不要把這本書當作嚴肅的歷史書，我不是搞學術研究的。為什麼現在叫 3.0 Plus，就是說歷史的真相和意義，會隨時間而轉移。我也希望每一次修訂這本書時，裡面的觀點與角度會變得更豐富和清晰。如果這本書能賣幾十年，那就肯定有 4.0、5.0……

Beyond 從 1983 年成立至 2013 年，共經歷了三十個年頭。

2013 年後的事情，希望日後再寫。

Beyond 經歷了三個十年，三個十年到底是怎樣一回事？三個十年又可以經歷些什麼風浪？離離合合，或者是搞樂隊的命數，正常不過。

我想，談 Beyond 是應該分為五個階段的。

第一個階段是 1983 至 1987 年，地下樂隊至走紅之前；

第二個階段是 1988 至 1991 年，走紅之後直到去日本發展之前；

第三個階段是 1992 至 1993 年，在日本發展時期；

第四個階段是 1994 至 2005 年，家駒去世之後，重新出發的三子時期；

第五個階段是 2006 至 2013 年，正式解散後的個人發展時期。

第一個階段：

地下樂隊時期

1983 —————— 1987

黃家駒曾經說過：「香港沒有樂壇，只有娛樂圈。」這句話傷了很多認認真真做音樂的香港音樂人，雖然很偏激，但也是一針見血，讓香港樂壇偶然反省。

紅遍華人地區的搖滾樂隊 Beyond，他們成長於香港這個彈丸之地，一個既造就了不同音樂人但又同時抹殺了很多音樂人的地方。

我想，要談一個樂隊的來時路，他們所生所長的地方是無法分割的一部分，所以談 Beyond 就不能不談談香港這個城市。談一個樂隊的際遇，也不能不談時代背景所賦予給他們的意義，所以在本書中我希望能讓讀者看到香港樂壇的輪廓。

Beyond 是來自香港的樂隊，雖然他們曾到過台灣和日本發展，但正如家駒所言：「無論去到多遠多遠，最後我們都會返回到這裡的⋯⋯最後最後，我們都是代表香港的樂隊。」

搖滾樂，從來就不是香港流行樂壇的主旋律。Beyond 曾一手嘗試打破的局面到後來遠走他鄉，重返香港再影響內地，就已過去三十年了。從二十幾歲的搖滾青年變身到五十幾歲的憤怒中年，不過是彈指之間。

第一個十年，是有黃家駒的十年；第二個十年，是沒有黃家駒的三子時代；第三個十年，樂隊解散，成員作個人發展。

黃霑都寫過的詞，「變幻原是永恆」。時間一分一秒在轉動，

不由我們的主觀意志所轉移。三十年，Beyond 的面貌、流行樂壇的面貌、香港社會的面貌，就連我的面貌，都改變很多了。歲月無聲，非常傷感。

1983

再見理想：一支傳奇樂隊的誕生

那年，Beyond 成立；

那年，我與 Beyond 初遇；

那年，我和黃家駒二十一歲；

那年，葉世榮二十歲；

那年，黃貫中與黃家強還未加入 Beyond。

大家都是二十出頭的年輕人，是八九點鐘的太陽，但我們應該都是中午才起床。

雛型的 Beyond 成員有黃家駒、葉世榮、鄧煒謙、李榮潮。

Beyond 的出現是因為他們要參加一個比賽，臨時起了個名字 Beyond。是臨時，但起了一個絕好的名字，超越。

剛開始時候的 Beyond 很鬆散，在那個年代，一人參與幾個樂隊是很平常的事，反正不是出唱片，所以 Beyond 也未必是其成員心中最重要的。

第一次聽到 Beyond 的名字，是在一個比賽。他們的得獎作品是前衛搖滾風格的《腦部侵襲》（*Brain Attack*），他們是當晚的冠軍樂隊。

這個比賽，是郭達年主編的《結他雜誌》所舉辦的「Players Festival：香港樂隊大賽」。當時是他們第一次以 Beyond 的名義登場。那年是我中學畢業後出來工作的第二年，第一份工作是《現代青年人週報》的編輯。由於比賽的廣告有在我們的週報裡面友情刊登，所以我獲邀前去觀賽。那時候我們報社之間關係友好，廣告都是免費的。

決賽是在灣仔的藝術中心舉辦，那天是 1983 年 3 月 6 日。我為什麼會把日期記得這麼清楚？主要是因為當晚的一位美女觀眾。記得排隊等入場的時候等了很久，無聊之際四處張望，在人群中看到了一個小美女，當時她旁邊有一個男伴，大抵是她的男朋友吧。在搖滾音樂會看到美女，當然比較來勁。幾週後我們竟意外重逢。

某天，經過我上班的必經之路，發現那個女孩原來在服裝店裡工作。觀察多天後，我藉機搭訕，把我報社所印製的朋克樂隊 The Clash T 恤放到她的服裝店裡寄賣。我提起那天的比賽，原來她的男朋友是世榮的朋友，也許是這個原因才會到場觀賽。原來她不是搖滾女青年，加上知道是世榮朋友的女朋友，這個故事基本上就沒有下文了。

說回《結他雜誌》，這是 1980 年代一份比較特別的音樂雜誌，

由獨立樂隊黑鳥的郭達年所創辦,以月刊形式發行。這本雜誌於 1977 年創刊,專注於彈奏方面的內容比較多,曾經歷數度停刊,並於 1988 年後改名為《結他 & Players》。

在香港 1970 到 1980 年代,有很多小本經營的流行文化雜誌。《結他雜誌》的總編輯郭達年同時組成的黑鳥樂隊,也被文化圈稱為很政治化的地下樂隊。黑鳥拒絕把音樂做成商品,卡帶專輯印上「版權開放,歡迎轉錄」,並經常參與小型演出,表達他們的政治態度。我手上最老的一片卡帶,是黑鳥樂隊的《東方紅/給九七代》,約是 1984 年出版的。

《結他雜誌》在 1982 至 1984 年之間,共辦了三場樂隊比賽。1984 年更出版了《香港 Xiang Gang》這一張黑膠唱片合輯,參與的樂手有還沒固定成員的 Beyond(唱片上的照片只有三人:家駒、世榮和家強)、劉以達(後來組成達明一派)、包以正(後來成了香港最著名的國際級爵士結他手)等。

作為一隊臨時組成的樂隊,Beyond 能夠於當晚的比賽勝出,拿下「最佳樂隊獎」,鋒芒初露,雖然樂隊在比賽完結後又銷聲匿跡,卻由此奠定了日後發展的基石,起碼成為一支有作品在唱片上出現的樂隊。

在 Beyond 勝出之後的兩個星期,我們有了碰面及認識的機會。我相約他們做訪問。那個下午,在九龍佐敦道的一間茶餐廳,幾個二十出頭的年輕人,有家駒、世榮和我,一切才剛剛開始。之後很清楚記得再單獨約了世榮拿一張照片,相約在葵

興地鐵站，我家附近。1983 年，現在回看，像是石器時代。

最後那篇訪問有沒有寫成，或者寫了什麼，我都忘記了，畢竟三十年了。那時他們也還未成名，我也沒有先見之明把那些底稿存起，一切只存在記憶裡。

我有沒有寫 Beyond 的報導已經忘記，但《結他雜誌》的編輯馮禮慈就肯定有。那場比賽完結後，主辦方《結他雜誌》理所當然地刊登了一篇介紹 Beyond 的文章：〈一隊新樂隊啟航了──Beyond〉。歷史性的訪問，因為這是第一篇介紹 Beyond 的文章。作者馮禮慈一直是香港的著名樂評人，那個年代的馮禮慈也搞樂隊，叫做「蟬」。文章的最後以「世界是你們的，也是我們的！」來作結，很有紀念價值。

我也算是最早訪問過 Beyond 的人，但訪問完他們約一年後，我的週報就倒閉了。其實我是週報老闆之一。原本我應聘為助理編輯，月薪九百元。三個月後老闆轉讓，我們編輯部三個人就合資了三萬元接手經營。我師父是總編輯林世樂，比我大五六歲，從法國留學回來，一副 John Lennon 的樣子，寫文章打鼓畫畫喝咖啡，也是個藝術家。我們一出道就收購別人的公司，結果肯定可以想像。

《現代青年人週報》記載了我二十出頭的三年歲月。1970 年代中至 1980 年代初的時候，香港很流行辦週報，週報就是一週出版一次，是當年文藝青年很喜歡閱讀的刊物，內容包括音樂、電影、散文、文化活動報導……等等。

當年還有另一本份量十足的音樂刊物，同樣被我們搖滾青年所追捧，那是由左永然（Sam Jor）主編的《音樂一週》（Music Week），在 1975 年創立。我們那種追捧的程度，使《音樂一週》獲得了「搖滾聖經」的稱號，沒有誇張。這本週報啟蒙了一堆愛好搖滾音樂的讀者，包括我和 Beyond。

家強說，他當年經常上去《音樂一週》的報社。為什麼會去那裡？是因為這本週報除了出版外，還會進口一些外國搖滾的黑膠唱片在辦公室裡發售。由於這種類型的唱片銷量少，不是大眾的口味，所以香港的唱片公司基本上是不會發行的。除此之外，我們還會經常按著週報裡面的樂評去買唱片。

《結他雜誌》在 1980 年代中就停辦了，但《音樂一週》能夠堅持到今天（雖然曾在 1997 年停刊，別了讀者十六年後，於 2013 年重新出發）。在網絡世界發達的今天，左永然他們利用網絡延續了《音樂一週》的壽命。而《結他雜誌》的創始人郭達年，在 2009 年創辦另一本《BAND • 樂人志》，創刊號的封面人物是包以正。在一本又一本音樂雜誌倒下的時代，《BAND • 樂人志》的出現更顯珍貴，但可惜只是不定期出版。

如果沒有《現代青年人週報》，我也許不會這麼早見證到 Beyond 的冒起。我和 Beyond 認識的淵源，大概就是因為都聽搖滾樂開始。

1984

那年，世榮、家駒、梁翹柏在做保險推銷員；

那年，第一張記載了 Beyond 作品的黑膠唱片面世。

1984，我想起那本由英國人所寫的著名政治科幻小說《1984》。Big Brother 有沒有 watching you？1984 年中英兩國簽署《中英聯合聲明》，落實 1997 年香港回歸的日子。有人希望馬照跑，舞照跳，band 友仍然繼續夾 band。

這一年，《香港 Xiang Gang》黑膠唱片合輯面世，是《結他雜誌》選出過往兩屆比賽的得獎作品，Beyond 的音樂第一次被灌錄在聲帶裡面，收錄了《腦部侵襲》及《大廈》兩首英語歌詞的原創作品。這張唱片之所以特別，不只是因為有 Beyond、劉以達、包以正、David Ling Jr.（很有名的錄音師）這些剛冒出頭來的新一代樂手，還有郭達年，把香港本土樂手與樂隊的好聲音記錄下來，獨立出版。在《香港 Xiang Gang》裡面，你可以聽到最原始的 Beyond，那個在地下樂隊時期的他們，不為討好任何人而寫出的音樂，非常前衛。

根據馮禮慈的文章，鄧煒謙說 Beyond 要玩的是一種叫「colony rock」的音樂。殖民地搖滾？很新鮮的詞語。但是無可否認，「colony rock」的確很符合當時香港的狀態。

1984 年的香港，仍然受殖民管治。説一下歷史，日不落帝國曾經殖民過很多國家，在 19 世紀末的帝國主義擴張下，英國殖民的版圖幾乎覆蓋全世界。香港的殖民歲月就是在 1842 年一條《南京條約》而開始，那個不平等條約是因為中英鴉片戰爭而產生。

殖民歲月在 1997 年結束，香港回歸中國。但在這一百五十多年間，香港就在中西方的衝擊下，形成了自己獨特的面貌。在還未有中文搖滾的年代，我們都是聽西方的搖滾音樂長大的，眾所周知家駒和世榮分別受 David Bowie 和 Deep Purple 影響很深。

Beyond 那一代的樂隊開始了創作廣東搖滾的先聲。搖滾是在西方發源的音樂，Beyond 則嘗試以中文創作，這是一種中英混雜的狀態，亦反映了香港的特徵：就是陳冠中所説的雜種。滙豐銀行曾經有句廣告 slogan（口號）「think globally, act locally」（思考全球化，行動本地化），他們也在創造一種屬本土的文化。

「殖民地搖滾」這個用詞很有意思，大約十年後的 1994 年，香港另一個著名樂評人袁智聰創立了一本《音樂殖民地雙週刊》（MCB）。又一個十年後的 2004 年，也像許多曾在香港出現的音樂雜誌那樣，最終要面臨停刊的局面。近十年有一個香港的男子組合叫 C AllStar，他們其中一首歌以《音樂殖民地》為名，來講述音樂載體的演變歷程。

1984 年我偶然再見到一次家駒的演出，在中環的藝穗會，也是文藝青年經常聚會的地方。那個晚上，家駒和另一個結他手 David Tong 在即興表演木結他，台下有幾十位聽眾。聽著他們的演奏，我覺得他們很厲害，這兩人當時都未成名，已經各有大師風範。David Tong 後來一直做幕後，不像家駒一步一步走上愈來愈耀眼的舞台。

1984 年初我的週報倒閉後，我又邀請了當時文藝版編輯陳子良辦了一份月刊《雜誌》，大小和排版模仿當時很有名的文化時尚雜誌《號外》（創辦人是陳冠中），但作者圈子不一樣，更地下一點。不過，出版一期後就解散了。當時搞雜誌完全不考慮財政問題，有錢就搞，真是出版自由。

1985

那年，Beyond 自資舉辦了一場演唱會；

那年，黃貫中加入了 Beyond。

沉寂了一段時間後，Beyond 宣佈自資開一場「Beyond 永遠等待演唱會」，在堅道的明愛中心舉行。一隊還未成名的地下樂隊，租一個容納幾百人的場地，背後沒有公司支撐，只靠自己一手一腳去籌備，連到街上貼海報都親力親為，腦子裡盤算的肯定不會是賺錢的事，應該是一團火。在這方面來看，他們非常勇敢，那是一種放手一搏的勇氣，屬青春的壯志。今天來看，這種事並不少見，但那是三十年前啊。

因為這一場演唱會，Beyond 多了一個新成員：黃貫中（Paul）。阿 Paul 本來只是幫忙設計海報，卻因為 Beyond 的結他手臨時離隊，被家駒以三寸不爛之舌説服了加入樂隊。據阿 Paul 的回憶，他原本是有點抗拒的，因為他另外有個樂隊，也因為 Beyond 的歌全部都是原創，要在有限的時間裡學好是一個很大的挑戰。

我有去看這場演唱會。那段時間，後來成為 Beyond 經理人的陳健添（Leslie）從澳洲辦理完移民手續回來香港，租住我家，並在搞他的小公司 Kinn's。那天我問他要不要一起去看這個樂

隊，但他説沒聽説過 Beyond，所以沒去。

所以説 Beyond 不是我介紹給 Leslie 認識的，他只是從我的口中第一次知道 Beyond 的存在。

當天晚上，我看完 Beyond 演唱會回家，把演唱會的場刊拿了回來，Leslie 隨手拿了來看，他驚訝於一隊完全沒有名氣的樂隊居然會這麼認真地去製作場刊，在 1980 年代來説，是很罕見的事。

至於後來 Leslie 和 Beyond 是怎樣開展了合作的關係？這都得説回 Leslie 所經營的另一支「小島樂隊」。1985 年底，小島樂隊舉辦一場「小島樂隊與 friends 演唱會」，在土瓜灣的高山劇場。高山劇場承載很多樂隊演出的回憶。那次演出，小島的靈魂區新明找來 Beyond 做嘉賓，期望吸納更多的觀眾，可想區新明是知道 Beyond 當時已經有一定數量的粉絲，同場的還有包以正和「浮世繪」（當時浮世繪是五人樂隊，包括梁翹柏、劉志遠和岑德衛。岑後來專心做了錄音師，幫我做過《我的 1997》專輯的混音）。就是當晚演出，Leslie 才真正認識到 Beyond 在台上的魅力。據 Leslie 自己説，演出後他就跑到後台跟 Beyond 成員説：我想跟你們簽約。

小島樂隊來頭也不小，他們是 1980 年代初期最著名的民謠搖滾樂隊，是 1980 年代樂隊復興潮流中，第一隊掀起序幕的樂隊。小島成名之時，Beyond 仍然在地下。但今天已經很少人記得小島。我個人認為樂隊潮流的復蘇是由小島帶起的，小

島之後有凡風，凡風之後又有 Beyond、達明一派、太極、Raidas 等等。

小島首張專輯帶起了一陣帶有本土氣息的城市民謠，頗為成功，當時是我兩個朋友張景謙（Clarence Chang）和 Leslie 合作搞的。之後，小島主將區新明離隊，與低音結他手崔炎德另組凡風，走更清新的本土民謠，簽給張景謙的公司。Leslie 則簽下第二代的小島，由結他手黎允文領隊。黎後來專注電影配樂，也很成功。

要追溯香港的組樂隊風潮，要回到 1960 年代。第一代是由外國吹來的，當時的年輕人屬社會學學者呂大樂口中的「第二代香港人」，在戰後的嬰兒潮出生，人數眾多。1960 年代，西方樂壇人才輩出，例如披頭四（The Beatles）、貓王（Elvis Presley）、鮑勃．迪倫（Bob Dylan）……等，影響的不止是西方的年輕人，更影響了遠在東方的香港年輕人。

於是，1960 年代香港有了以翻唱英文歌為主的蓮花樂隊（主唱是許冠傑）、Teddy Robin & The Playboys（主唱是泰迪羅賓），還有後來成為作詞大師的林振強，也在 1960 年代跟李小龍的弟弟李振輝組過樂隊 Thunderbirds…… 香港最早期跟西方流行音樂接軌可以說是源於這些樂隊的誕生。不過那時候，香港的樂隊雖然有發行唱片，但作品都是翻唱西方流行曲為主，全是英文歌。而且，很多只是發行六寸 single（單曲黑膠），AB 面各只有一首歌。專輯黑膠是十二寸，才能容納更多歌曲。這種載體和銷售模式，當時是跟美國市場一樣的。

進入 1970 年代，譚詠麟和鍾鎮濤組成溫拿樂隊，由黃霑做經理人，幫他們寫了多首流行歌，粵語歌和英文歌都有。同期，以作曲家顧嘉輝、黎小田為主導的粵語電視劇主題曲開始興起，與許冠傑以個人歌手身份出唱片的粵語流行曲開啟了廣東歌為主的樂壇。

這裡要提一下菲律賓籍的樂手。菲律賓先後被西班牙和美國殖民統治了三百多年，所以菲律賓人很早就接觸到西方流行音樂，也很早就向東南亞輸出樂手，包括 1930 年代的上海歌廳夜總會，已經有菲籍樂隊的出現。香港也不例外，從香港唱片工業開始發展的 1960 年代起，就陸續見到菲律賓人的參與，比如編曲大師鮑比達、奧金寶、戴樂民、盧東尼，結他手 Joey V.、低音結他 Rudy，鼓手 Johnny Boy，到近年專門做張學友巡迴演唱會的音樂總監杜自持等。

到了 1980 年代，呂大樂筆下的「第三代香港人」長大了。曾處於低谷狀態的樂隊音樂隨著小島樂隊的出現，樂隊熱潮又再度燃起，有別於上一輩，他們更多的帶著本土原創的色彩。

在這一波樂隊復興潮之前的 1980 年代初，香港曾經掀起過短暫的城市民歌潮流，那是唱片公司、傳媒、電台聯手打造的，算是受到當時台灣校園民歌的影響。香港電台曾經舉辦過「城市民歌公開創作比賽」。但這股純民謠的風，很快就熄滅了，只維持了兩年，就被主流樂壇的商業歌曲所打敗。

當時日本流行音樂在香港非常盛行，比如谷村新司、山口百惠、

西城秀樹、澤田研二。香港的主流唱片公司有見及此，也開始大量改編日本歌為廣東話版本，張國榮、譚詠麟、梅艷芳等等大牌以此相繼走紅，也開始了香港樂壇以至電影娛樂行業繁榮的一章，大型演唱會文化也由此展開。

在一片商業化改編歌曲盛行的情況下，由於市場做大了，樂隊潮流反而有了更大的發展空間，大唱片公司做偶像型歌手之餘，還有資源簽一些原創樂隊。

有一支 1970 年代末的 Ramband 樂隊，可說是第一支國際級的香港 hard rock 五人樂隊，由不同國籍的成員組成。有一篇報章報導說：「早在 Beyond、Raidas、太極、達明一派未組成之前，香港搖滾樂迷都迷上一隊叫作 Ramband 的樂隊——當年技術最好的樂隊。」Ramband 只在 1979 年在 WEA（後來的華納唱片）出了一張原創英文專輯。我有幸看過他們的 live，地點在新界汀九灣海灘，我們小時候經常去游泳的地方。結他手 Peter Ng 和鼓王 Donald Ashley 後來都在幕後發展。Donald Ashley 也組過 Chyna 樂隊，成員包括結他手「小飛俠」蘇德華、鍵盤手黃良昇、低音結他手單立文。Chyna 後來又因 Donald Ashley 離隊，演變為三人的 Blue Jeans。

跟上一波的樂隊潮流不同，1980 年代那一些組樂隊的年輕人，更著重原創音樂，亦漸漸由英文轉向廣東話。初期的 Beyond 雖然自己創作歌曲，但以英文歌為主，而且是前衛搖滾，過了幾年才開始以廣東話寫歌，直到簽約後才以中文歌為主。

1980 年代的樂隊潮流中，混合著熟悉與陌生的名字：小島、凡風、Beyond、太極、達明一派、Blue Jeans、Raidas、浮世繪、民間傳奇、Citybeat、風雲、Fundamental 等等，既有 pop rock，也有城市民歌和英倫電音，這幅圖像複雜斑駁，是主流樂壇曾經難得的多元。

這股樂隊潮流的出現，隨著走向地上，對於香港當時的流行樂壇也有過衝擊。1980 年代中期，主流以譚詠麟、張國榮、梅艷芳這些巨星為主，他們所演唱的歌曲大量改編日本歌，音樂風格到歌手形象包裝都深深受到日本樂壇影響。日本樂壇的發展比香港進步是事實，市場也大很多很多。那個年代日本已經向海外輸出流行文化，大牌歌星也會到香港開演唱會。香港歌手紅到巔峰，也會嘗試到日本發展。

1970 到 1980 年代，先後有華人歌手陳美齡、鄧麗君、歐陽菲菲、翁倩玉在日本成功發展，不過她們都是唱日語歌曲，歌曲都是 made in Japan。

1986

逝去日子：再見理想和一無所有

那年，他們自資出版第一張專輯；

那年，劉志遠加入 Beyond；

那年，我參加了填詞比賽，並得獎；

那年，崔健的《一無所有》面世，這首搖滾經典在 1988 年被 Beyond 翻唱。

1986 年，Beyond 第一張專輯面世：《再見理想》，他們自資出版，只發行錄音帶，沒有出黑膠。這張專輯記錄了他們三年來的成果，亦記錄了 Beyond 最原始的聲音。銷量有兩千盒，雖然跟那個年代的主流樂壇來比差距很大，但對地下的音樂世界來說，這個數字代表著一個很不錯的成績。

錄音帶算是黑膠唱片之後的新音樂載體，由於配合卡式錄音機、卡帶隨身聽、雙卡錄音機的出現，加上其便攜性、可複錄功能，1980 年代在不同地區有不同的普及度。在香港，黑膠唱片一直是主流，但大陸、台灣及東南亞國家，卡帶的銷量就比黑膠高得多。

黑鳥樂隊和蟬樂隊在 1984 年都推出過錄音帶專輯，黑鳥的是

《東方紅/給九七代》，蟬的是《大路上》，《大路上》更得到郭達年監製。兩張專輯內容談的是家事國事天下事。這兩支與主流完全沾不上關係的獨立樂隊，自資出版的專輯很具批判性。也因為自資與獨立，所以他們的創作自由度非常大。

當時這種自資出版的錄音帶，當然不會有正式唱片公司出品般的宣傳和推廣，銷售點只能放在各區最主要的唱片店中寄賣。

同是自資出版，黑鳥和蟬表達的是一個很宏大的面向，是對於社會的思考。Beyond 的《再見理想》更著重個人的情感，對於理想與現實間的迷茫，成為了整張專輯的主旋律。在《再見理想》裡面，可以看到一個樂隊對於前路的迷茫、現狀的掙扎，在理想與現實之間，到底要如何抉擇？《再見理想》之後，在機緣巧合之下，他們與 Leslie 所屬的獨立公司 Kinn's 展開合作關係。

早在簽約 Kinn's 之前，Beyond 曾短暫地簽過給《音樂一週》的左永然，換言之左永然曾非常短暫地當過 Beyond 的經理人，後來聽説因為一些小誤會而沒有合作下去。

1986 年，我也在偶然之間踏上了填詞這條路。第一次寫詞，參加了香港電台和滾石唱片在香港的代理公司博德曼音樂集團（BMG）所合辦的填詞比賽「生活中的香港」。那個比賽，是以台灣著名製作人李壽全的《未來的未來》為曲調，透過比賽公開徵求廣東話的歌詞（原版歌詞是由著名作家張大春所寫）。

我參加那個比賽有兩個原因，第一：我很仰慕李壽全，第二：

我很喜歡收錄《未來的未來》那張兩首歌的 single。最後，我花了整整一個星期每天八小時的心血來完成人生第一首作品《説不出的未來》，奪得冠軍。《説不出的未來》寫的是 1980 年代的香港，壓抑的氣氛和不確定的前路，彌漫於這個都市的空氣中，那是一種説不出的對未來的感覺。

本來主辦單位説得獎作品會由李壽全演唱，但我等了又等，還是等不到，BMG 高層何重立説這歌詞太敏感，但當我同年認識李壽全之後發現他都不會廣東話，而且唱歌不是他的主業，他是個大牌唱片製作人，之前已經製作過《龍的傳人》、《搭錯車》、《明天會更好》等唱片。

最後，《説不出的未來》由簽約華納的搖滾歌手夏韶聲所主唱，兩年後 1988 年才出版。夏韶聲是個搖滾老炮，1960 年代末以夜總會樂手出道，1970 年代出過幾張專輯，但處於浮浮沉沉的狀態，不過，他的伴奏樂隊 Visa Band 非常厲害，都是香港頂尖樂手。1980 年代初，由日本結他大師竹田和夫領導的樂隊 Creation 來香港演出，認識夏韶聲後，把他帶到日本跟樂隊一起巡迴演出。

《説不出的未來》能夠面世，多得做唱片製作人的好友張景謙推薦歌詞給夏韶聲。

張景謙（Clarence），與 Beyond 也有淵源，《再見理想》的唱片監製就是他。錄音的地方是位於佐敦道的一鳴錄音室，一個獨立音樂的錄音熱點。

在 1986 年的時候，Beyond 進棚錄音還是初哥，張景謙已經有多年的製作經驗，亦曾經為小島、凡風出版唱片。夏韶聲從日本回來後，跟他簽約出版了代表作《童年時》、《交叉點》等經典歌曲。

我與張景謙是於 1983 年認識的，他是一個超級樂迷，對西方音樂瞭如指掌，澳洲讀書回來，我拉了他入股《現代青年人週報》，並擔任音樂版編輯。1984 年我們週報倒閉後，他專心經營自己的獨立唱片公司，1988 年去百代唱片（EMI）當起全職唱片監製，製作了幾張盧冠廷的專輯。之後的他專注於爵士樂，賣爵士唱片又替爵士樂手製作專輯；又全力舉辦外國爵士樂手在香港的演出活動。

週報倒閉之後，我先後在列孚主編的電影雜誌《大影畫》和《唱片騎師週報》打工做編輯。1986 年初轉職到一家華資唱片公司永聲做企劃宣傳，主要是代理台灣唱片在香港宣傳發行。因為老闆黃懷欽 1982 年代理侯德健的第一張個人專輯《龍的傳人續篇》在香港發行，與侯德健有往來，某天，侯德健在公司出現，約了羅大佑也來公司，我被黃老闆派去帶這兩位當時的偶像去附近一家旺角很大的唱片店新興唱片店逛逛，非常興奮。

九個月後我被調去永聲與佛山合資的磁帶加工廠附屬錄音室做製作統籌，在廣東佛山工作。這年年底，我第一次聽到了來自中國的搖滾：崔健的《一無所有》和《不是我不明白》。因為收錄這兩首歌的合集，正在我任職的磁帶加工廠生產，還沒上市。關鍵是我們錄音室的錄音師 Leo（著名音樂製作人陳永明）

也是香港人，知道《一無所有》是好東西，叫我去聽。

中國搖滾樂第一首歌是《一無所有》，但同一年，《讓世界充滿愛》這一首歌，也暗示著流行音樂在內地的起點。

《讓世界充滿愛》的由來，要從 1984 年說起。那年非洲埃塞俄比亞發生饑荒，英國朋克樂隊 The Boomtown Rats（著名歌曲有 *I Don't Like Mondays*）的 Bob Geldof 發起當時同代的樂隊合作一首歌，為非洲籌款。George Michael、Sting、Phil Collins、Midge Ure 等等大牌都參與。就是這首 *Do They Know It's Christmas?* 單曲。這是一個援助非洲的慈善計劃，是一首公益歌曲。還發起了全球直播的演唱會 Live Aid，所有英國著名歌手經典樂隊都鼎力演出。

Do They Know It's Christmas? 的影響力很大，其後，美國有另一首影響力更大的歌曲。Michael Jackson 與 Lionel Richie 在 1985 年初創作了 *We Are The World*，並召集了當時最頂尖的美國歌手合唱，由 Quincy Jones 做製作人。

We Are The World 之後，台灣創作了《明天會更好》，李壽全製作，羅大佑作曲，多人合力作詞，台灣有六十位歌手錄唱這一首歌。最後，內地的《讓世界充滿愛》誕生，郭峰作曲，陳哲等作詞，有百名歌手合唱。

《明天會更好》和《讓世界充滿愛》都剛好呼應了 1986 年的「國際和平年」，由聯合國所定，主題是「捍衛和平和保障人類的

未來」。而和平這個主題，亦貫穿了在 Beyond 1990 年代初期的音樂當中。

說到中國流行音樂的發展，不得不提侯德健。他是台灣人，在兩岸隔絕的 1983 年經香港前往大陸，他的到來，影響了大陸很多音樂人的創作和製作觀念。

1970 年代末，國家改革開放，1980 年代初，革命歌曲不再流行。這時候，西方式流行音樂開始進入中國，當時官方稱這種音樂叫通俗歌曲。

侯德健創作的歌曲與大陸本土創作的通俗歌曲的差異很大。侯的音樂根源當然很現代，但他首批創作的也像當年台灣的校園民歌，因為侯德健就是有份開創校園民歌潮流的其中一個重要創作人，《龍的傳人》就是他 1979 年的作品。他 1984 年在大陸，通過與永聲合作出版由他創作、程琳和他主唱的新專輯《新鞋子舊鞋子》大受歡迎，銷量達幾百萬盒卡帶。通過這些版稅，侯德健買了私人轎車，在 1980 年代中的大陸，非常領先。剛好那段時間我和永聲相熟，對於這些事情的來龍去脈比較了解。

侯德健以外，鄧麗君是另一個在 1980 年代初對大陸的流行音樂觀念有很大影響的歌手。那種截然不同可以說是一種啟蒙，一種是在創作觀念上，一種是在演唱形式上。

1987

那年，他們出版了第一張 EP《永遠等待》；

那年，他們出了第一張專輯《亞拉伯跳舞女郎》；

那年，他們開始在電影出鏡；

那年，他們舉辦了一場《Beyond 超越亞拉伯演唱會》；

那年，我開始為 Beyond 寫詞。

浮世繪樂隊解散，結他神童劉志遠加入了，Beyond 變為五人樂隊，簽約 Kinn's 之後推出第一張 EP《永遠等待》，主打歌曲是《昔日舞曲》。

從唱片的封面可以看到五個搖滾樂手搖身一變成了平易近人的鄰家大男孩，跟上一張《再見理想》是很明顯的差別，變得更有偶像的味道。當年為他們做形象顧問的是後來的亞洲小姐潘先儀。潘先儀於 1980 年代初的時候，正職是模特，曾在我週報做過兼職中文打字員，Leslie 在我報社認識她，然後他們走在一起，再後來就自然參與到 Beyond 早期的形象設計工作。這種淵源是不是比較神奇？

之後推出的專輯《亞拉伯跳舞女郎》，封面照片特地跑去新加坡拍攝，攝於蘇丹回教寺。我當年的感覺是「嘩！」一聲，一隊還未走紅的樂隊，竟然出國拍封面。那一身的阿拉伯服飾，五個阿拉伯男孩，實在很搞鬼。

當年已經聽説 Beyond 抱怨把形象搞成這樣，但礙於是新人的關係，通常都會聽從經理人的安排，加上是去國外拍攝，不接受這個創意就沒機會去了。「亞」和「阿」在粵語是近音字，當年不是阿拉伯，而是亞拉伯。

《亞拉伯跳舞女郎》不失為一張大膽作出新嘗試的唱片，裡面的音樂都有著濃厚的中東風格，聽聞那個時候的家駒迷上了中東音樂。你看《亞拉伯跳舞女郎》、《沙丘魔女》、《東方寶藏》等歌曲都投射了對阿拉伯世界的想像。如果當年已經有阿里巴巴，估計馬雲會找他們代言呢。

在這張專輯推出的 1980 年代，仍然是中東地區動盪的時期，它的動盪直到現在，好像永無休止一樣。那些一千零一夜的故事，使人對於阿拉伯世界有了童話的想像。但事實上這地區一點也不童話，以色列、埃及、伊朗、伊拉克、黎巴嫩、敘利亞、巴勒斯坦……這一個個似遠還近的名字，經常出現在電視的新聞報導中，不是宗教就是戰爭。自從 2001 年美國「911 事件」之後，這個地方就更加被人視為「恐怖主義」的溫床，著名學者愛德華薩伊德（Edward Said）研究的「東方主義」説的就是中東，不是我們身處的東亞。

我成長的階段也很留意中東那頭的新聞，那裡發生好多次中東戰爭，最為人所知的應該是 1967 年那場「六日戰爭」吧。打來打去，都是以色列決戰幾個阿拉伯國家，名副其實的一個打幾個。為什麼會有戰爭出現？在第二次世界大戰之後，猶太人回到《聖經》所說的「應許之地」立國以色列，而那片聖地正由巴勒斯坦人居住，為了建國，猶太人佔領了這片土地並把巴勒斯坦人驅逐出去，由始開展了中東地區沒有終結的紛亂。

說回音樂，《亞拉伯跳舞女郎》與《昔日舞曲》是有關聯的，這兩首歌都是很跳舞節奏的歌曲，這可能是因為他們開始嘗試追求更為商業化的歌曲，而這種音樂很符合當時社會的潮流。1970 年代中有荷里活歌舞電影《週末狂熱》（*Saturday Night Fever*）、《油脂》（*Grease*），帶動了 disco 音樂的興起，Donna Summer、Bee Gees 等的跳舞歌曲大行其道，風靡全球，之後霹靂舞、英倫電子音樂也一浪接一浪，成為時尚。當時的年輕人很喜歡到 disco 跳舞，因為那時我們都不知道有卡啦 OK 這種東西，所以只愛跳，不愛唱。

1987 年，Beyond 初登大銀幕，參演了邱禮濤導演的處女作電影《靚妹正傳》，只是客串，在電影中唱了一首《昔日舞曲》。《靚妹正傳》裡面有七首歌是我作詞的，因為電影製作預算有限，我幫忙找 Leslie 和永聲提供免費歌曲給電影做插曲和背景音樂。

1985 年有個小老闆支持我，我與陳子良、胡雪姬、邱禮濤等六個人搞了一份週報《中國青年週報》，共六期。週報倒閉後我

們經常無所事事泡咖啡店成為好友。邱禮濤也是 Beyond 的老友，是香港的多產導演，也是很多人心目中的「cult 片之王」。他成名作是《八仙飯店之人肉叉燒包》、《陰陽路》等恐怖電影。他是電影圈著名的搖滾發燒友，1994 年還負責魔岩三傑在香港紅館（紅磡體育館）演唱會紀錄片《搖滾中國樂勢力》的導演工作。

這一年是 Beyond 告別地下樂隊時期的分水嶺，公司為他們轉換形象，而他們的音樂也有走向商業的跡象，處於地下樂隊與流行音樂的夾縫當中，承受來自各方的壓力。在地下時期已經支持他們的歌迷指責 Beyond 背叛搖滾，是「搖滾叛徒」，另外唱片的銷量比不上同期出來的達明一派和 Raidas，來自公司的壓力也少不了。就是在這樣的矛盾當中，Beyond 要不做回自己喜愛的音樂，要不就是作更大的妥協，迎合市場。樂隊選擇了第二條路，一個更商業的 Beyond 出現，以暫時的妥協換取日後更大的自主空間。

先發揮了在主流樂壇可以實行的影響力，那時我們都不知道 Beyond 的影響力可以走到多遠，但三十年的檢視讓大家知道這是一隊在香港樂壇舉足輕重的樂隊。你可以看見三十年的變化是很流動的，沒有事物會一成不變，樂隊要進步就不能抱殘守缺。而 Beyond 的進步，在頭十年是很明顯的，亦是他們光芒四射的階段。

我跟 Beyond 第一首合作的歌曲《現代舞台》於 1988 年初面世。我成為他們的「御用詞人」的故事由此開始。

合作的起源主要有二：一、我在 1986 年的填詞比賽中拿了冠軍，即後來夏韶聲演唱的《說不出的未來》；二、Leslie 是我朋友，亦是 Beyond 的經理人。當時他住在我家。當他得知我拿到作詞獎後，便給我兩首歌寫寫看，不是 Beyond，而是小島樂隊的《苦戀》和《等車漢子》，兩首歌都不紅，但也肯定了我一定的寫詞能力。再後來，他才給我替 Beyond 寫了第一首歌──《現代舞台》。這首歌詞批判性很強，更成了該專輯的名字，那就是主打歌了，不過，還是不火。

那時候，合作的事宜都是透過經理人或唱片監製聯繫，沒有跟家駒直接溝通，一首又一首的歌詞是透過手寫後用 fax 機傳送。跟他們合作很 easy，歌詞基本上原封不動就推出。

第二個階段：

走紅時期

1988 ——————— 1991

簽約給 Leslie，隱含了告別地下時期的意味，地下時期的他們做了很多很多，自資出碟和辦演唱會，看到理想滿瀉，也看到對現實感到無奈的唏噓與歎息。雖然他們創作的音樂很前衛，但得到的賞識只來自地下音樂圈子，群眾基礎很少，叫好不叫座，要讓更多的人知道他們的音樂，他們選擇走向主流樂壇，嘗試「走入建制」，發揮更大影響力。

一旦走進以市場利益為主要考慮的音樂工業，就有很多東西需要考慮，限制很多，創作音樂的自由度肯定比地下時期少，理想仿佛要懂得平衡和現實的差距。「再見理想」因此有了第二層的含意，他們不再是當初的無人賞識，而是，有人賞識，得到很多的機會，然後呢？

在 1988 至 1991 間，Beyond 走紅得很迅速，一首接一首的《大地》、《真的愛你》、《歲月無聲》、《不再猶豫》等等成為大眾朗朗上口的曲目，更不時晉身每年歌曲頒獎禮。在音樂變得愈來愈商業流行的時候，Beyond，特別是家駒的世界觀亦變得愈來愈廣闊，音樂題材再不是局限於理想與迷失這些個人情感困惑中，而是一個更宏大的視野：和平與愛。

他把曼德拉寫進《光輝歲月》裡，把對戰爭的思考寫進了 *Amani*。1990 年代之後的 Beyond 不論是在音樂技巧還是在思想上面，都顯得愈來愈成熟，就像從大男孩成為男人的過程。在音樂變得更流行之際，雖然短暫地引來一些背叛搖滾樂的批評，但從 Beyond 的態度及表現來看，他們一直都毋忘初衷。

老生常談，搖滾永遠不只是形式，而是一種精神，獨立的精神。Beyond 的音樂不獨是商業二字就可以解釋的，他們的音樂反映著他們的態度，訴說著很多對生活和對世界的感受，總是會有些 message 在裡頭，影響巨大而深遠，這是很多流行歌手都做不到的。在當時，經常將社會議題直接放進音樂裡的，還有達明一派、夏韶聲。

1980 年代中的主流樂壇，是譚詠麟和張國榮鬥得難分難解的時候，加上梅艷芳，堪稱為「三星鼎立」。到了後期，Beyond 開始冒起於主流的視野中，同期的還有達明一派、草蜢、陳慧嫻、葉蒨文、林憶蓮、王傑、林子祥等等。

別人說我是 Beyond 的御用填詞人，我說過很多次我不是，你看其他的樂隊，Raidas 有林夕，達明一派有陳少琪，太極有因葵。但我呢？我和家駒合作了五年，這五年只有十二首歌。誰叫 Beyond 各人都很有才華，曲、詞、編、彈都能夠一手包辦，他們的詞作也很精彩。

御用填詞人的身份，也讓我碰到過以下的狀況：有一次，做了十八年親戚的突然問我：「《光輝歲月》是不是你寫的？」有一次，那英在北京的錄音室向她老公介紹我說：「《光輝歲月》是他寫的。」又有一次，在上海與香港朋友見面，她跟她老公說我是幫 Beyond 填詞的，他老公說：「我最喜歡《光輝歲月》和《真的愛你》了。」甚至，當電視上有人唱《海闊天空》、《喜歡你》，都有人微信傳訊息告訴我。

這些情況經常搞得我好尷尬。我只得嚴正聲明：以上所提的歌曲，都不是我寫的。

1988

大地：北京之行

那年，Beyond 開始在主流樂壇中嶄露鋒芒；

那年，他們出了兩張專輯《現代舞台》、《秘密警察》；

那年，他們加盟新藝寶唱片公司；

那年，他們遠赴北京舉行演唱會；

那年，內地和香港的搖滾有了交接的可能；

那年，劉志遠離開了 Beyond，四子時代正式確立。

《現代舞台》

不羈的少女仍舊在故作端正
風騷的政客仍舊是故作公正

我寫詞的《現代舞台》每一句都像在罵人，批判娛樂圈、人生、政治，這首歌成為專輯的名字，也是主打歌。當時年輕，火氣很大，看什麼都不順眼，但這首歌市場反應並不大。

《大地》

在那些開放的路上　踏碎過多少理想

我們第二首合作的歌曲《大地》，我沒有想過會紅，可事實這首歌就是紅起來了，並且入選十大金曲。從此我有個外號「大地輝」。

Beyond 給我的卡帶 demo 上寫著《長江》還是《黃河》，我不確定，後來又想起是寫「yellow river」，反正就讓我意識到這首歌要寫內地。

《大地》是一個關於我叔公的故事，寫的是兩岸關係，大陸與台灣。説來話長，要追溯到 1949 年甚至更早的國共內戰，打敗仗後國民黨轉移至台灣，福建以東的小島上。跟隨國民黨走到台灣的軍人，就這樣與大陸的親人分隔。兩岸關係從此不再簡單。

1987 年台灣宣佈允許國民黨老兵回大陸探親。我祖父的弟弟（我叔公）就是一個老兵。叔公比我爸爸只大幾歲。兵荒馬亂的 1940 年代，不到二十歲的叔公，為了生存離開了老家潮州潮安縣庵埠鎮，聽説去了當兵，之後就音訊全無。

我祖父就更早已離鄉別井到了南洋謀生，自此祖父再也沒見過他的兩個子女，即我爸爸和我姑母。1949 年，我祖母去了馬來西亞檳城找我祖父，我爸爸與我姑母卻到了香港，找我姑丈。

1971 年，我祖父在檳城去世，我祖母帶著祖父的骨灰來香港與

我們同住。三年後，有一天我上學前還見到身體健康的祖母，放學回來就說她突然在睡夢中走了。

1970 年代中，我爸爸有個朋友去台灣，爸爸就託他在台灣登報尋人，尋找我叔公。叔公後來說，是他的鄰居看到報紙，跑來跟他說的。這樣，爸爸與叔公就這樣開始了分別三十年的書信往來。

十年後的 1988 年，我第一次去台灣，代表我爸爸去看望叔公。叔公那時候已落地生根，生了四個兒女，最大的兒子（我堂叔）還比我小兩歲。

應該說，見過我叔公，我才有足夠的真情去寫《大地》的歌詞。不過，歌詞裡的「父親」，當時是我幻想出來的。1988 年夏天，我叔公才來香港匯合我和爸爸，一起回到他已經告別四十年的老家潮州。年逾六十的叔公，到處尋找他的記憶，可是，老家已無一個是近親，更何況「父親」，他兒時的玩伴，也都一個一個變成了花甲老人。「父親」更多的是我爸爸見到我叔公的投影。

這首歌很非主流，題材是兩岸關係，其實跟香港沒什麼關係，卻成為了香港樂壇的一首金曲，世事就是這樣難以預料。當時有個文學修養很好的朋友陳子良，在地鐵車廂裡跟我說：「《大地》每兩句都很好，但連起來不知道你說啥。」我笑，我說能流行就行了。貫中也說過，有幾個字跟旋律不夠搭配。我承認，但不完美的歌被唱了二十多年。

雖然《大地》有人批評寫得不好，我仔細再看也覺得不算很好，但流行曲就是這樣，不一定是完美才可以流行，更講求的是機緣，我對此深有體會，往後即使有自己認為寫得更好的歌詞，卻未必能夠流行起來。但《大地》就是這樣紅了幾十年。

後來我創辦唱片公司，繼續沿用「大地」這個名字。

雖然 Beyond 簽約了 Kinn's，但前幾張唱片還是不叫座，銷量一般。《現代舞台》沒有大賣，真正令 Beyond 紅起來的是 1988 年的 9 月的《秘密警察》。

《大地》收錄在《秘密警察》中，這張專輯更明顯地看到 Beyond 轉向商業化的痕跡。在《秘密警察》之前的幾張專輯是 Kinn's 出品，由寶麗金代理發行；《秘密警察》及之後的出品 Kinn's 只做 Beyond 的經理人，唱片合約屬新藝寶。

新藝寶屬寶麗金的系統，但卻是另一個獨立的品牌。新藝寶的負責人是陳小寶，原來是著名電台 DJ，外號「音樂字典」。新藝寶是由寶麗金和當時做電影非常成功的新藝城電影公司合作開辦，當時也簽了新人王菲、大牌的許冠傑和張國榮等人。張國榮原本是在華星唱片期間走紅的，後轉簽新成立的新藝寶，估計跟可多拍新藝城的電影有關。這樣，香港兩大男歌手譚詠麟和張國榮，都是在寶麗金唱片的系統裡了。而王菲，我還記得她剛出道的 1989 年，有次演出中，坐我旁邊的陳小寶就說，她一定會紅。坦白說，我當時沒覺得。那時她叫王靖雯。

秋意正濃的十月，Beyond 獲得北京邀請，到北京的首都體育館舉辦兩場演唱會。當時在北京，應該沒有人認識 Beyond，跟現在的人所共知完全不同。1980 年代在內地，開始出現搖滾樂，我猜可能是主辦單位覺得辦一場搖滾演唱會是可行的，加上找來一隊來自香港的樂隊，只需「香港」兩個字就可以賣座。

那場演唱會，Beyond 經理人 Leslie 邀請我同行北上。之前我已經去過北京兩次，而他們全部都沒有去過，於是我擔當起一個識途老馬的導遊角色。那次北京之行我們一行八人，包括 Beyond 當時的唱片監製兼錄音師王紀華，以及打擊樂手兼樂隊助理小雲（小雲就是在 1991 演唱會裡的打擊樂手，我最有印象是他在《大地》裡那段表演）。

北京那邊的負責單位沒有讓我們從香港直飛北京，而是經歷了重重波折：首先從香港坐火車到廣州，住了一夜，Beyond 晚上去廣州電台做了一次節目。第二天廣州坐飛機到天津，再由天津坐三小時的小巴到北京。折騰了整整兩天才能夠到達目的地，從香港到北京本來只是半天就可以搞定的事，太沒有效率。那邊的解釋是票源太緊張，不好訂，可我發現是為了省錢，廣州飛天津比起香港飛北京便宜一半。

六日五夜的行程很匆忙：第一天香港到廣州，到電台做節目；第二天廣州飛天津，坐車到北京，到場館視察；第三天早上開始彩排，晚上演出；第四天晚上演出；第五天去長城遊覽；第六天回程（原計劃坐車到天津飛廣州）。

抵達北京的黃昏，由於大家對往返都要走天津廣州，很是不滿，最後沒有去場館視察，我帶隊去前門的全聚德吃烤鴨。

第二天，Beyond 去場地彩排，我和 Leslie 去處理購買由北京飛香港回程機票的事情，東奔西走忙碌了一個早上，中午吃過飯之後才到首都體育館看看，還記得在門口的售票處旁邊有一張演唱會的海報，是手繪的，有 Beyond 五人的手繪大頭（其實當年劉志遠已離隊，應該是四人才對），上面寫著：香港超越（Beyond）樂隊演唱會。

後來聽家強轉述，家駒特地在場外「視察」一番，遇上一個賣黃牛票的人，向他兜售這場演唱會的門票。五元一張。

第一晚演出我因有事而沒有去看，聽說開場的時候坐滿觀眾，有一萬八千個座位，但唱到中場卻走了一半的人。對於第一次跑內地演唱的香港樂隊來說，這個成績已經很不錯，而且他們主要是唱廣東歌，還能吸引到一萬八千人前來，算是很厲害。

第二天演出前的中午，家駒說約了演唱會主持人吃飯，叫我一起去。主持人袁心很漂亮，說話經常夾雜國語和英語，估計家駒很需要我這個翻譯。最後，我被他們安排跟袁心在第二晚演出前開開玩笑去暖場。

那個晚上，我見證了內地歌迷對於香港搖滾樂隊的熱情，是有廣東歌與國語歌之分的。在 Beyond 唱著他們的首本名曲時，觀眾的反應很冷淡，真的看到中場就走了一半人。第一個高潮

位，是 Paul 唱國語版的《大地》，在《大地》中段穿插的獨奏部分，也很受歡迎，特別是當世榮 drum solo 的時候。

然而，觀眾情緒最熱烈之時，是當家駒唱起了第一句：「我曾經問個不休……」。崔健的《一無所有》，是出發前我向他們建議的曲目。因為考慮到在北京演出，出發前選了三首歌以國語來唱，另外兩首是我臨時改國語歌詞的《大地》和《舊日的足跡》。

Beyond 版本的《一無所有》，有著另一種有別於崔健的味道，家駒獨有的個人風格與嗓音，加上不太標準的普通話，就成為了我聽過最好的一個重唱版本。那幾年，內地對翻唱歌曲沒有版權保護或限制，很多內地歌手灌錄專輯，都會錄一版《一無所有》，可作者崔健，應該也是一無所有（版稅）。

據説在第一天彩排的時候，崔健和一幫人到了首都體育館探班，互相認識一下，之後因為要到長城演出，沒看演唱會就走了，想到那時四子不太靈光的國語，他們交流的場面應該蠻有趣的，可惜沒有我在場翻譯。

最後，「香港超越（Beyond）樂隊演唱會」以一首國語版的《舊日的足跡》結束，沒有返場。

回港前一天，我們變了早起的鳥兒，要到長城做好漢。我們像觀光客般趕景點，做完好漢，就去了頤和園，到達時已接近黃昏。當時留下了幾張在長城拍的照片，和五年後寫《長城》的伏筆。

最後一天，吃完早餐便出發去機場，除了我之外，其餘的人都直飛香港，我則到廣州，把他們送進候機樓之後，我便去辦理我的登機手續，可中途遇到一點麻煩差點不能上機。

那次是 Beyond 第一次北上開演唱會，也是第一隊在內地舉辦演唱會的香港樂隊。同年，侯德健還上春節晚會，唱出《龍的傳人》。那次的經驗打開了內地與香港搖滾的交接。1988 年還沒有一國兩制，離香港回歸還有十年。內地的流行音樂甚至搖滾樂才剛起步，而香港已進入黃金年代。

時代背景如何造就了在音樂道路上的不同方向，從崔健與 Beyond 身上我們可以窺探一二：他們是同代人，崔健生於 1961 年，Beyond 四子則是 1962 至 1964 年之間。同樣是六十後，一個成長於「文革時期」的內地，奉行社會主義的道路；另外四個成長於受殖民管治的香港，走的是資本主義道路。只是一道深圳河之隔，已是兩種制度與環境。同樣走在搖滾的路上，有著鮮明的分野。這樣背景底下，大家各自認識音樂的軌跡肯定不一樣，香港這邊能夠接觸到的流行及搖滾音樂比內地容易得多。

這一年，Beyond 由五子變成了四子，劉志遠離隊，與梁翹柏組成了浮世繪。有趣的是，浮世繪又是簽了 Leslie，與 Beyond 同一家公司。再後來，劉志遠已經很少走到幕前，主要是參與幕後的製作，陳奕迅的《歲月如歌》就是由他編曲的，他在編曲工作方面頗為成功。而梁翹柏近年在內地發展也很成功，已經是《我是歌手》等音樂類節目的最知名音樂總監。

1989

歲月無聲：在主流大放異彩

那年，他們出了兩張專輯： *Beyond IV*、《真的見證》；

那年，他們為電影《黑色迷牆》客串及創作主題曲及配樂，並出版原聲音樂大碟；

那年，他們在伊利沙伯體育館舉辦了《Beyond 真的見證演唱會》；

那年，他們參與了《民主歌聲獻中華》。

《逝去日子》
面對抉擇背向了初衷　不經不覺世故已學懂

《逝去日子》是電視劇《淘氣雙子星》（只有十集）的主題曲，我沒有看過，只知道主角是 Paul 和李克勤，應該是適合一家大小看的偶像劇吧。收錄這首歌的專輯有街知巷聞的《真的愛你》，這一張應該是 Beyond 最暢銷的專輯，當年賣了十萬張。

《歲月無聲》
可否不要往後再倒退　讓我不唏噓一句

本來是下半年寫給麥潔文（也是新藝寶旗下的歌手）的歌，以

鋼琴為主要伴奏，先參加了一個歌曲比賽，但沒有獲獎，然後成為麥潔文新專輯的主打歌。但幾個月後，Beyond 推出一張翻唱專輯，裡面多是 Beyond 過去幾年為別人而寫的歌曲。Beyond 重錄《歲月無聲》，變成重搖滾版本，反而更受媒體和聽眾歡迎。從來沒有廣東流行歌那麼嘈吵的，這首歌開了先河。同一首歌，不同的編曲與歌手，有著如此不同的結果，有點意想不到。

對我來說，《歲月無聲》和《大地》的歌詞是有所關聯的，都是關於中國的主題。

《大地》的歌詞有些句子在《歲月無聲》裡面重複出現了：「秋風秋雨的度日，是青春少年時」、「千杯酒已喝下去都不醉，何況秋風秋雨」。

《歲月無聲》「可否不要往後再倒退」，歌詞反映當時香港人的心情。兩首歌曲都附帶了我們對中國的情意結。

1989 年，Beyond 的音樂走向了一個更商業的位置，「無法可修飾的一對手，帶出溫暖永遠在背後」唱到街知巷聞，據說是唱片公司要求他們在母親節的時候創作一首歌頌母親的歌曲。《真的愛你》把 Beyond 推向另一個高峰。原本的搖滾歌迷對他們更加離棄，但卻吸納到愈來愈多的大眾歌迷，亦更加廣為人知。

《真的愛你》是在年初的時候推出的，從《真的愛你》到《歲月

無聲》其實存在很大的差別，或許《真的愛你》會讓你覺得是迎合市場的，但 1989 年下半年接著主打歌《歲月無聲》，立刻又回到 Beyond 的本來面目，這是發生在同一年之間的事。

Beyond 走紅以後，多了拍電視劇、電影和參加遊戲節目的機會。在我的眼裡，覺得當時的 Beyond 做了很多無聊的事情，感到他們距離一隊搖滾樂隊已經愈來愈遠，有點把持不住。

這到底是樂隊還是經理人過於妥協？我沒有答案。但可以肯定的是，他們因為《真的愛你》而大紅，於是希望更紅。「更紅」在我們那個時候代表「入屋」，即意味著要拍電視劇、參加遊戲節目，反正要在電視上出現，讓更多的家庭觀眾認識你，否則，就是「紅極有限」。

今天回頭看，Beyond 成員其實都不喜歡他們當年所做的這些事情，造成他們不得不這樣做的，是整個香港環境的無奈。這也是一個悲劇，當年 Beyond 走到日本發展就是源於對香港樂壇的不滿，怎料到了日本，家駒正是因為參與日本的遊戲節目而離去，一個很大的諷刺。但現實就是如此弔詭，如果他們不做這些無聊的工作，知名度就可能不高，但更像一支搖滾樂隊，如何選擇？

如果沒有這樣的發展，Beyond 也許會像其他樂隊一樣，曇花一現。1980 年代末正是樂隊的潮退期，很多樂隊出過一兩張唱片之後就銷聲匿跡，百花齊放的局面來到尾聲。哪怕事業非常輝煌，深受香港文青和媒體喜歡的達明一派，也在 1990 年解

散。不過，達明一派解散不是因為事業發展不好，只是劉以達和黃耀明之間合作上出現分歧。

與 Beyond 和達明一派相比，太極樂隊七個人就很團結，成軍三十年依然和諧共處，每隔幾年也會開太極演唱會。

後來太極的成員都成為了專業的樂手，替其他歌手錄音及伴奏。鄧建明是很多歌手演唱會的結他手；鍵盤手唐奕聰經常做編曲、鍵盤和演唱會音樂總監；鼓手朱翰博開了音樂學校；劉賢德（HiFi 德）一直在做發燒音響和發燒唱片；兄弟歌手雷有輝和雷有曜專業做和音；太極 band leader 是低音結他手盛旦華（蛇仔），曾在唱片公司工作。太極說過，他們還有第八位成員，是經理人鄧祖德。他也是位資深結他手，早期組過民歌樂隊 Trinity。

太極最後一張專輯 *Utopia*（烏托邦）是 1996 年在北京灌錄的。當時我常在北京，做字母唱片。記得請過太極樂隊在北京吃飯，地點是歌手田震開的湖南菜餐館，還推薦我所簽的新疆歌手艾斯卡爾在太極的錄音裡客串。

1990

那年，他們出版了四張唱片：《命運派對》、《大地》（國語）、《戰勝心魔》、《天若有情》（EP）；

那年，他們拍攝了音樂特輯《勁 Band 四鬥士》；

那年，他們參與了電影《吉星拱照》、《開心鬼救開心鬼》、《忍者龜》（配音）；

那年，家駒到了巴布亞新畿內亞作探訪；

那年，Beyond 成為了世界宣明會的代言人；

那年，我成立了大地製作有限公司。

《無淚的遺憾》
夢想漸近　疲倦了只感到枯燥
但竟是我　忘掉你不可再填補

我第一次為 Beyond 寫情歌，我寫的時候真覺得有困難。我從沒給 Beyond 寫過情歌，也有點抗拒為樂隊寫情歌。最後寫出來，我個人是不太滿意的，因為沒有與眾不同的感覺，也沒有很突出的亮點。想不到，原來很多人至今還很喜歡，儘管它不

是一首大熱歌曲。當然我理解原因，這個歌名本身已經帶有思念家駒的感情。

《送給不知怎去保護環境的人（包括我）》

當天空裡漫遊已不再是夢兒

清風總夾著塵與煙

這首歌的緣起是因為當年商業電台要出一張宣揚環保的唱片，專輯名為《綠色自由新一代》，集合了香港當時最有名的十支樂隊，包括達明一派和太極，我除了寫 Beyond 這首外，還替另一支 Fundamental 寫了《天使的警告》（Fundamental 的結他手是陳光榮，後來成為鄭伊健的唱片監製、作曲家與電影配樂家。《古惑仔》電影的大部分歌曲都是陳光榮作曲的，包括我寫詞的《友情歲月》和《甘心替代你》）。我第一次寫關於環保的題材，當時的我對環保也沒有很多的知識，所以歌名才加上「包括我」，以免讓人覺得我在指責別人不懂環保而我自己就很懂的樣子。我的記憶裡，只寫過三首環保歌曲，第三首是 1992 年夏韶聲主唱的《酸雨》，這首詞我自己覺得寫法很有趣，前所未有。這是命題作文，而我其實一知半解就下筆了。夏韶聲對武器槍械和外星人特別有研究，近年經常在電視清談節目講外星人，還能雙手同時畫漫畫，出版了一本幾百頁厚的漫畫冊《天眼》。《天眼》也是一首歌，他作曲，我作詞。

《灰色軌跡》

我已背上一身苦困後悔與唏噓

你眼裡卻此刻充滿淚

電影《天若有情》的插曲，我需要按主角劉德華的角色來寫，而女主角是新人吳倩蓮。這首歌收錄在《天若有情》的電影原聲帶裡，應該是四首歌裡面流行得最久的一首。如果問我為什麼能寫出那麼蒼涼的歌詞，那先要問問電影編劇和作曲的家駒了。這張 EP，羅大佑寫了主題曲《天若有情》，其餘三首都由 Beyond 包辦，都是家駒作曲。其中阿 Paul 唱的《未曾後悔》，被我改為國語詞《短暫的溫柔》。2016 年世榮籌辦紀念家駒香港演唱會，台灣來的林曉培選唱《短暫的溫柔》讓我意外驚喜。

1990 年第一張 Beyond 國語專輯，我寫了六首歌詞。難怪內地歌迷都說我是「御用」。分別是：《大地》（原曲同名）、《漆黑的空間》（原曲《灰色軌跡》）、《短暫的溫柔》（原曲《未曾後悔》）、《你知道我的迷惘》（原曲《真的愛你》）、《送給不懂環保的人（包括我）》（原曲《送給不知怎去保護環境的人（包括我）》）及《和自己的心比賽》（原曲《戰勝心魔》）。

國語專輯《大地》，在內地發行，不是重新創作，而是把之前的廣東歌重寫變成國語歌。1990 年代初期，Beyond 在內地並沒有一夜成名。內地最初接觸到的 Beyond 音樂應該是《大地》的國語版及《真的愛你》的國語版《你知道我的迷惘》。他們沒有到內地宣傳，只是發行唱片。六首中的五首歌詞，歌詞主題都沒變化，但《真的愛你》改成《你知道我的迷惘》變化就巨大了，我是刻意為之的。因為歌詞寫於 1989 年，加上我希望 Beyond 的歌詞更男性化一些。

1990 年，除了一如以往創作、錄音、出唱片、演出、拍電影以外，這年有了一點點的不同。家駒個人應慈善機構宣明會的邀請，到了巴布亞新畿內亞作探訪（這個地方在亞洲，不是非洲）。那時歌手們開始參與慈善活動，也許是受到 *We Are The World* 啟發。

這一次的探訪，為 Beyond 日後的音樂內容埋下了伏線，那是使他們的眼光更寬闊的經驗，透過親身接觸，亦讓家駒更深切地反省及思考關於貧窮、戰爭及和平等命題。

那年二月，曼德拉出獄，轟動世界，家駒寫了一首《光輝歲月》，獻給這位畢生致力於反對南非種族隔離政策的巨人。沒有《光輝歲月》，也許很多人都不關注曼德拉，不知道南非以前是個白人控制的國家，國內黑人受盡歧視。

曼德拉於 2013 年逝世，剛好是家駒去世的 20 年後。「黑色肌膚給他的意義，是一生奉獻膚色鬥爭中」，Beyond 的音樂對於國際社會的關注，是從這裡開始。

有報導說家駒創作這首歌的念頭是這樣的：「我很佩服曼德拉，二十多年的牢獄（生活），不知他怎樣熬過這段孤獨歲月，但我知道一定有堅強的信念支撐他。在香港做音樂，做樂隊很難，很孤獨，這條路注定是 long way without friends，我這輩子不會轉行去幹別的，就是做音樂了，我亦相信人定勝天的，終將有那一天……」

曾經有過一傳聞，說中國使館有人員把《光輝歲月》翻譯，拿給臨終前的曼德拉聽，曼德拉聽過音樂後感動落淚。正好那段時期，家強也在南非做慈善工作。

關懷世界的作品一首接一首面世，以家駒創作為主，他真是個心懷大愛的天才，香港的歌曲較少談及政治現實，但 Beyond 從不忌諱。我和他們合作之前，Beyond 的內容主要是關注個人面對追尋理想的挫折比較多，像《再見理想》這類的歌曲；我和他們合作以後，把視野擴大至兩岸三地；到了後期，他們的內容更為廣泛：愛情、理想、世界、社會、和平。

那些年，達明一派也是另一支敢於批判社會的樂隊，這個二人樂隊曲風迷幻電子，政治含意都很隱晦，亦很詩意。他們有三個主力作詞人：潘源良、陳少琪和周耀輝。在某些題材方面，達明一派顯得更前衛。記得 1990 年我被媒體採訪時讓我填下最欣賞的作曲人，我寫下黃家駒和劉以達。

這一年 Beyond 參與了《天若有情》的電影原聲帶，電影由陳木勝導演，是吳倩蓮第一次演出的作品。這部電影很火，Beyond 在裡面的歌曲都很流行，包括《灰色軌跡》、《未曾後悔》、《是錯也再不分》，分別由家駒、Paul 及家強主唱。一張電影原聲帶只有四首歌，Beyond 創作的佔了四分之三。主題曲是袁鳳瑛所唱的《天若有情》，羅大佑作曲的。《天若有情》後來有個國語版《追夢人》，也許更多人熟悉。

1980 年代羅大佑是台灣第一個流行音樂的搖滾明星，他的專

輯在香港文化圈都有很多歌迷。1990 年前後羅大佑在香港居住了幾年，專門做電影配樂，尤其是杜琪峯的電影。又開設了「音樂工廠」這個唱片品牌，林夕擔任總經理。居港期間，他推出了被稱為中國三部曲的三個合輯：《皇后大道東》、《首都》、《原鄉》。羅大佑、侯德健、李壽全這幾個人名字，打開了我對於台灣現代流行音樂的關注。1981 年，我首次聽到張艾嘉唱羅大佑的作品《童年》和他的個人專輯《之乎者也》，驚為天人。是他令我知道了滾石唱片的崛起。

那個年頭，唱片公司會幫一部電影出 EP，不是一件常見的事。回到 1970 年代，會出電影歌曲的是許冠傑，一來許冠傑是歌手，二來他又是電影明星，每一部他參與的電影都有相關的主題曲，像《半斤八両》、《鬼馬雙星》等。但方式不同，通常是收錄到許冠傑的個人專輯裡面，而非單獨發行的電影原聲帶。許冠傑是香港第一個流行音樂的天皇巨星，第一個被稱為歌神的人。後來陸續出現的歌神是譚詠麟、張學友、陳奕迅。

1990 年，雖然我已經為 Beyond 寫過一些歌詞，填詞生涯才剛起步，但沒有想過把填詞作為唯一職業。同時，我的人生有了另一個開始，透過好友列孚（我 1995 年在電影雜誌《大影畫》打工時的老闆，一年後因為我長期早上不上班而開除我的人）介紹，我與舞蹈家曹誠淵合資，成立了大地製作有限公司。我是公司負責人，像一個個體戶。公司目的是簽約內地歌手，進行前期的錄音製作部分，然後把完成的專輯授權給香港的大唱片公司做宣傳和發行。

為什麼會有辦公司的念頭呢？又要從 1984 年說起，那年我的《現代青年人週報》倒閉，告別了文字和編輯的工作以後，我就兩隻腳跳進了音樂工業這一塊領域。1986 年在永聲唱片做市場經理，之後轉了去佛山的製作中心當製作統籌，遊走於內地的音樂圈之間，認識了不少朋友。1989 年在香港的 BMG 唱片公司工作，負責引進版權到內地，兩年後因為處理羅大佑和趙傳的引進版的版權費問題，有中間人收款後跑了，我被迫離開 BMG，就生起了成立大地的念頭。

大地第一個合作的歌手是常寬，第一個正式簽約的歌手是艾敬。我為常寬找的發行公司是香港的 EMI，他們因為發行崔健的《一無所有》而嚐到甜頭。常寬的專輯順利完成，發行這張唱片的同時，他還來了香港參與「創作人音樂會」的演出，同場有太極、周啟生、庾澄慶⋯⋯那次的曝光獲得不少關注，讓香港人知道內地搖滾除了崔健以外，還有更年輕的搖滾樂手。

自從 1986 年崔健打響內地搖滾的第一槍，走到 1994 年的高峰期，出現了唐朝樂隊、黑豹樂隊和「魔岩三傑」。魔岩指的是魔岩文化，亦即後來的魔岩唱片，由張培仁在 1992 年所創立，是台灣滾石唱片的子公司。三傑則是竇唯、張楚、何勇。他們同時在 1994 年推出專輯，以「中國新音樂的春天」為口號。那是內地搖滾樂的黃金時代。除了魔岩三傑，唐朝、黑豹樂隊都屬那時候的集體回憶，唐朝演唱的搖滾版《國際歌》，相信在一代人的心中留下了深刻印象。

大地曾經和其中一傑──何勇合作過，但我們的合作過程實在

太多「火花」，磨擦到一個程度不得不結束合作關係。這個小哥太有性格了，最後我找到魔岩的張培仁，把他的專輯版權轉讓給他。

我和張培仁，還有 Leslie，都有些互相合作的關係。我因為幫 Beyond 寫詞，跟 Leslie 一直有接觸；我認識張培仁時，我在 BMG，他在滾石；滾石要在香港開公司，與 Leslie 的公司合資，成立「勁石」。

當時勁石有 Beyond 和王菲的經理人合約，Leslie 因為王菲的介紹，簽約了寶唯時期的黑豹，並錄製第一張專輯《黑豹1》。我的大地簽了艾敬，錄製了《我的1997》專輯。張培仁後來成立了魔岩，簽了唐朝樂隊。當魔岩剛起步的 1992 年，在台灣首推的三張專輯，是捆綁式宣傳，包括艾敬、黑豹和唐朝，因為大地和勁石把艾敬和黑豹的台灣唱片發行權交給魔岩。

然後，我到北京經營大地唱片。我和何勇鬧翻之後，把他的合約和母帶轉讓給魔岩。而 Leslie 在勁石結束後到北京開了紅星，專門做搖滾。幾年後紅星給太合麥田收購。魔岩則繼續和寶唯、何勇、張楚做音樂，幾年後也放棄做大陸搖滾，把重心放回台灣市場。

1991

Amani：心懷大愛

那年，他們出版了兩張專輯：《猶豫》、《光輝歲月》（國語）；

那年，他們拍了電影：《Beyond 日記之莫欺少年窮》；

那年，他們在紅館舉辦了「Beyond 生命接觸演唱會」；

那年，他們為 TVB 拍了《Beyond 放暑假》的特輯；

那年，他到非洲肯尼亞探訪；

那年，我最後一次見到家駒。

《誰伴我闖蕩》
前面是哪方　誰伴我闖蕩

其實 Beyond 從地下走到地上已有很多類似的歌曲，面對孤立無援的世界，歎息理想實現很難。年輕人普遍都有這種迷失迷惘，我也一樣。那時候，我們都還在奮鬥中，作者與歌者有共鳴，然後樂迷也能感受到，產生更大的共鳴。這首歌的結他獨奏非常出色。

《午夜怨曲》（國語）

何時才停止自己盲目的飛翔　回到踏實的地上

那些年，歌手如果不到紅館開演唱會的話，就表示你不夠「紅」。

1991 年，Beyond 首次踏足紅館，舉辦了很多人會掛在嘴邊的那一場「1991 生命接觸演唱會」。雖然 Beyond 在過往八年間參與過大大小小的演唱會或音樂會，但記載下來的錄像畫質都很粗糙。生命接觸演唱會跟以往完全不同，是第一次很專業地把 Beyond 的演出記錄下來，不論是前期還是後期的製作都很認真。所以你能夠在網絡上看到比較多人傳閱的四人時代演唱會片段，以這一場的談論最多。

也是這場演唱會，令 Beyond 獲得前往日本發展的機會。1991年，日本大型演藝經紀公司 Amuse（創立於 1978 年）在香港設立分公司，這間公司主要從事的是藝人經紀的工作，主力培育音樂人和演員。

當時香港分公司的第一任總經理是左永然，我想 Beyond 能夠與 Amuse 合作很大程度上與左永然有關，而他與 Leslie 也是老朋友。據聞本來 Amuse 並無打算簽香港藝人，是後來老闆受到邀請前往觀看演唱會後，才決定要簽 Beyond 的。就這樣，Beyond 正式展開與這間日本公司的合作關係，直到家駒的離去，為期兩年。

日本的唱片市場是除美國之外，最大的單一音樂市場，歐洲各國加起來才能比日本大。

除了厭倦香港的圈子外，希望作出更大的發展也是 Beyond 的考慮之一。1990 年代初的 Beyond 已經很紅了，如果任何一支樂隊紅到 Beyond 的程度，都會想去日本發展的。

繼 1990 年家駒探訪巴布亞新畿內亞後，相隔一年，再次受到宣明會的邀請。這次是四子一起到非洲作親善探訪，走過屬於東非大地的肯尼亞，回來後創作了一首至今仍然廣為流傳的 *Amani*。

1991 年某個晚上，我最後一次遇見家駒，在那個我們文藝青年最愛聚集的咖啡廳，那是他前往非洲之前，我問他會去非洲哪裡，他說去非洲首都。不知道是真心還是開玩笑，我沒有再問下去，只是莞爾一笑。那個畫面，仍然定格在我的腦海中。

第三個階段：

日本發展時期

1992 ————————— 1993

在 1991 年舉辦了演唱會之後，Beyond 前往這個東北亞的島國日本發展。在事業如日中天的時候，一顆巨星黯淡倒下，標示著四子時代的終結。

當 Beyond 愈來愈受歡迎的時候，他們擁有的創作自由度開始增加，這種自由度跟地下樂隊時期的不一樣。地下時期的他們沒有很大的包袱，但走紅了的他們不一樣，他們要兼顧市場，成名於他們既是榮譽也是羈絆。但當知名度愈高、歌迷愈多，能夠創作自己喜歡的音樂的機會就愈大，他們有了一群固定而忠實的歌迷去支持他們，讓他們可以嘗試更多的可能。

於是，當時帶領亞洲音樂潮流的日本成了 Beyond 發展音樂事業的另一個里程碑。他們要在另一個國度重新開始，在新的圈子、新的語言、新的環境裡構建新的生活。到日本發展並不容易，香港有很多歌手都是無功而還，難以持續，Beyond 只去了短短兩年，就因為家駒的離去而告別，令人唏噓。

1992

那年，他們出版了三張專輯：《繼續革命》（粵語）、《信念》（國語）、《超越》（日語）；

那年，他們舉辦了「Beyond 繼續革命音樂會」；

那年，他們再次拍攝 TVB 的節目《暑假玩到盡》；

那年，他們結束與新藝寶的合作關係，由 Amuse 做全球經理人；

那年，家駒拍了一部「三級片」；

那年，我的大地公司被收購。

《長城》
蒙著耳朵　哪裡哪天不再聽到在呼號的人

Beyond 在日本製作的第一首主打歌。Beyond 去了日本發展後，我們仍然有合作，他們沒有放棄香港的歌迷和市場，繼續創作中文歌。《長城》就是第一首 made in Japan 的中文主打歌，找來喜多郎參與編曲，感覺很華麗。Demo 送來的時候，伴奏已經錄好，上面寫著「長城」二字，這兩個字難免會讓人

想起內地的過去。過去有關長城的歌都是歌頌，我很不以為然，所以我用另一角度寫。歌曲推出後，當時著名電台 DJ 林珊珊跟我說她聽到這首歌時感覺全身發麻；太極樂隊的結他手 Joey Tang 說「留在地殼頭上」夠絕。頭一句歌詞模仿侯德健的《龍的傳人》，他以「遙遠的東方有一條江」作開頭，我以「遙遠的東方，遼闊的邊疆」作開始。

我學侯德健，但沒想到後來有人學我卻更厲害。

聽到《長城》的國語版，嚇我一跳。因為國語版歌詞有七八成是我原來粵語版的歌詞，但署名卻沒有我的名字，只有台灣的作詞人。他們只是把一些地方略加修飾，就成了國語版。當時，我跟滾石老闆有一些交情，所以只是口頭投訴一下就過去了。當時也沒想到，《長城》會成為 Beyond 日後重要的曲目。如果像《大地》一樣由我來改國語版，那多完美。

《農民》的國語版本也是別人重新再寫的，雖然寫法跟粵語版也很像，但很少用到我原來版本的字眼，但《長城》國語版本是很明顯的。

這是《長城》兩個版本的歌詞：

《長城》粵語版本：

遙遠的東方　遼闊的邊疆　還有遠古的破牆
前世的滄桑　後世的風光　萬里千山牢牢接壤

圍著老去的國度　圍著事實的真相
圍著浩瀚的歲月　圍著慾望與理想（叫嚷）

迷信的村莊　神秘的中央　還有昨天的戰場
皇帝的新衣　熱血的纓槍　誰卻甘心流連塞上

蒙著耳朵　哪裡哪天不再聽到在呼號的人
WOO AH WOO AH AH AH
蒙著眼睛　再見往昔景仰的那樣一道疤痕
WOO AH WOO AH AH AH 留在地殼頭上

無冕的身軀　忘我的思想　還有顯赫的破牆
誰也衝不開　誰也拋不低　誰要一生流離浪蕩

《長城》國語版本：

遙遠的東方　遼闊的邊疆　一道綿延的老牆
前人的滄桑　後人的風光　萬里千山牢牢接壤

一個老去的國度　多少消逝的真相
一頁浩瀚的歲月　多少慾望成悲壯

迷惘的江山　神秘的廟堂　許多昨天的戰場
帝王的勳章　戰士的胸膛　誰卻甘心留戀塞上

一個老去的國度　多少消逝的真相
一頁浩瀚的歲月　多少慾望成悲壯　狂妄

堵住耳朵　　以為從此不再聽到在呼號的人
WO-OH WO-OH OH
摀住眼睛　　以為從此不再看到顫抖的傷痕
WO-OH WO-OH OH 臥在黃土地上

雨後的霓虹　　落寞的長龍　　一道顯赫的老牆
始終衝不開　　始終拋不去　　始終裝英雄逞豪強

《農民》
一天加一天　　每分耕種　　汗與血
粒粒皆辛酸　　永不改變　　人定勝天

這個歌名也是寫在寄來的錄音帶 demo 上的。老實說，我對農民生活並沒有親身的體驗，靈感主要是來自於 1980 年代內地的電影《黃土地》、《紅高粱》，這些由第五代導演陳凱歌、張藝謀等人所拍攝的作品。

《農民》第一次被 Beyond 公開演唱是在 2005 年香港那場告別演唱會中，阿 Paul 主唱。我當時也在觀眾席，感到有點意外。因為這首歌在香港不算流行。原因，可能香港只有幾百個農民吧（一笑）。

《農民》與 Beyond 另一首《文武英傑宣言》的旋律是一樣的，只是由快歌改編成慢歌，我重新填詞。

有了歌頌母親的《真的愛你》，大抵也需要一首歌頌父愛的歌曲，於是家強作好曲後，便交給我寫詞。但這首歌的商業目的太明顯，反而弄巧反拙，與《真的愛你》的流行程度成強烈對比。百分之九十的歌曲流行都是偶然的。我自己對這首歌也沒有太多印象，很多時候都忘記了，也不知道這首歌被放在哪張唱片出版的，可能是在某拼盤裡。因為網上有這首歌的 MV，我最近才有機會重溫一下。（家駒時代，這是唯一一首不是家駒作曲的，是家強。）

1992 年，Beyond 結束了與新藝寶的合作關係，粵語唱片交由香港另一國際公司華納唱片發行。

華納音樂是現在世界三大唱片集團的其中一間，另外兩間是環球音樂和索尼音樂。

本來在 20 世紀的 1980 至 1990 年代，還有 EMI 和 BMG 這兩家，踏入 21 世紀後都被上述三大公司收購和合併了。老樂迷熟悉的寶麗金唱片，也在 1990 年代中被收購後改名為環球音樂。

當時執掌香港華納唱片的是著名的唱片推手黃柏高（Paco）。我 1981 年入行做音樂雜誌，就經常與唱片公司的宣傳部接觸。當年，Paco 剛從 WEA 的倉庫主管升任市場部做宣傳，Leslie 是 Paco 在倉庫的下屬，而 1986 年辦李壽全那個填詞比賽被

我拿到冠軍的 HK Records（後被 BMG 收購）高層何重立，在 1981 年時是 WEA（後被華納收購）市場部主管，Paco 的上司。

參加音樂節目《歌手》而備受關注的杜麗莎的首張粵語專輯，在 1980 年出版，就是何重立一手促成，而作詞大師林振強第一首歌詞《眉頭不再猛皺》，也是來自杜麗莎這張唱片。前面提及的 Ramband 的專輯、創辦初期的《音樂一週》，何重立也有參與。

後來何重立跳槽到 HK Records，Paco 在華納步步高升，先後做了太極樂隊、林憶蓮、葉蒨文、王傑、林子祥等大賣的唱片，成為寶麗金唱片的強勁對手。之後寶麗金遠東區老闆鄭東漢（1960 年代許冠傑的蓮花樂隊結他手，也是歌手鄭中基的父親）在 1990 年代中把 Paco 從華納挖到寶麗金系統，成立正東唱片這個品牌，由 Paco 主理，捧紅了陳慧琳、雷頌德等。鄭東漢是 1980 至 1990 年代寶麗金遠東區的主管，包括管理寶麗金日本公司，也是寶麗金總公司的董事局成員。

但後來，整個寶麗金集團被一間加拿大公司收購，高層大換血。鄭東漢跳槽到 EMI，Paco 成立金牌經理人公司。1998 年亞洲金融風暴，EMI 撤出中文歌市場，把幾十年累積的中文歌曲庫，全部賣給鄭東漢和 Paco，獨立成為金牌大風。之後十年，金牌大風股權也幾經轉手，最後這些原來的 EMI 中文歌、粵語歌賣給香港環球，國語歌賣給台灣華納。EMI 這個歷史悠久的公司，出版過披頭四、滾石樂隊的大牌，現在已成為三大音樂集

團的旗下子廠牌，包括本來是世界最大的 EMI 詞曲版權公司，也被索尼詞曲版權公司收歸旗下。

這種把 EMI 分解的做法，如同曾經世界第五大音樂集團 BMG，由於各國，尤其是歐盟和美國的法律，嚴防市場壟斷，索尼唱片合併 BMG 唱片時，BMG 的詞曲版權公司要賣給環球詞曲版權公司。

關於這幾十年唱片公司之間的收購合併，可以寫一本書。而現存三大之一的索尼音樂，就是由日本起家，逐漸通過收購美國公司而壯大。1993 至 2000 年，因為我是艾敬經理人，而艾敬在日本有點發展，曾簽約日本索尼唱片，所以我對於日本市場有更深入的關注和了解。1980 至 1990 年代，也是索尼（Sony）電子產品暢銷全球的時代，創始人盛田昭夫出版過幾本書，如《日本製造》、《日本可以說不》等，非常霸氣。

日本的唱片市場很大，音樂水平也很高，香港歌手到日本發展甚至成功並不是一件容易的事。1980 至 1990 年代香港的歌壇天皇巨星都曾經嘗試去日本發展，但成績只算曇花一現，除了鄧麗君。而日本人卻永遠喜歡李小龍和成龍。

說回 Beyond，華納發行的唱片《繼續革命》，錄音都在日本進行。那段異鄉人的生活，使這張專輯充滿著鄉愁的味道，每一首歌都值得玩味。除我之外，首次見到作詞大師林振強為 Beyond 作詞，寫了《早班火車》。

古今中外革命都在不斷發生，有成功也有失敗，《繼續革命》的起名可堪玩味，與歌曲的內容可以作出連結。《繼續革命》可以理解為他們在音樂路上的革命里程，走進日本更工業化的體制，卻帶著改變的初衷與期許，追尋更廣大的創作自由。即使充滿無奈，但 Beyond 還是在堅持音樂的理想，把命繼續革這件事本身就很搖滾了。

同年，家駒個人接拍的一部「三級片」，於 1992 年上映，是張之亮導演的《籠民》。三級的原因不是因為色情或暴力，只是因為有很多粗口對白，被香港政府的電影審查單位評定為三級。當年十八歲以下的歌迷無緣在大銀幕上看到家駒演戲，只能透過日後出版的影碟重溫。達明一派的劉以達也在這電影中與家駒有對手戲，劉以達後來經常出現在周星馳的電影中，即那位人所共知的夢遺大師。內地觀眾普遍知道夢遺大師，但不知道他是很出色的音樂人劉以達，就如很多人知道電視劇《鹿鼎記》的陳近南，卻不知道他是搖滾歌手夏韶聲。

家駒在《籠民》演繹的毛仔可謂入型入格。《籠民》曾獲得香港電影金像獎的最佳電影，電影刻劃著導演對社會的關懷，但籠民的問題在今天的香港社會仍然存在。

自 1990 年代起，我主力在北京工作，Beyond 開始走紅，大家在咖啡廳聚會的日子就結束了。1992 年上半年，是我最困難的時候，手上拿著艾敬專輯的母帶、拍好的 MV，一年多時間內先後找了 EMI 和滾石都沒談成發行合約，最後找到準備開發中文唱片部的香港維珍唱片簽約。但幾個月後維珍音樂集團

又因為英國大老闆 Richard Branson 搞了維珍航空公司，正與英國航空公司競爭而急需資金打仗，把維珍音樂集團賣了給 EMI。這等於香港維珍又被併入香港的 EMI。這種動盪我預計會維持很長時間，所以跟維珍要求回購版權。

但買回專輯版權要退回幾十萬元給維珍，可那些錢我已經花在北京搖滾歌手陳勁與何勇的專輯錄音了。煩擾之際看到了一絲的曙光——多得好友列孚的穿針引線，與香港智才集團（老闆是于品海，曾因收購明報集團而一鳴驚人）洽談合作。其實我們的合作方式只能是全面收購：智才集團收購大地。洽談時，和我對接的是智才集團負責全中國文化項目的董事陳冠中先生，一位我久仰大名的人，沒想到竟然在這樣的情況下認識了。

在智才收購大地之後，我這個大地唱片創始人變成為大地唱片打工仔，全面負責內地唱片方面的業務。我就這樣拉上北京的音樂圈老炮黃小茂拍檔，在北京的西單租下幾個公寓房間，繼續我的忙碌。

黃小茂，我知道他是在 1986 年，他在崔健的《浪子歸》專輯寫了多首歌詞。1989 年我們在北京認識，1990 年我請他當艾敬《我的 1997》專輯製作人。黑豹樂隊首張專輯他也寫了兩首詞，跟我就是同行填詞人。1992 至 1994 年我們在大地唱片拍檔，他更製作了《校園民謠 1》，成為高曉松的師父、校園民謠之父。之後他加入中央電視台《東方時空》專門做 MV，再到香港鳳凰衛視做音樂總監。他 2000 年後做過華納唱片和索尼唱片的中國區總經理。

1993

那年，Beyond 成立十年；

那年，他們出版了三張專輯《樂與怒》（粵語）、《海闊天空》（國語）、*This is love I*（日語）；

那年，他們舉行了兩場不插電（Unplugged）的音樂會，一場在香港，一場在吉隆坡；

那年，香港痛失了兩位音樂人：黃家駒、陳百強。

《為了你為了我》
秋天的你輕輕飄過進佔我心裡
我卻每天等你望你知道我是誰

我填這首詞不是為 Beyond 而寫。原唱是 1990 年代初 Leslie 與滾石合作的勁石所簽的新人蔡興麟，由 Beyond 第一代唱片監製王紀華製作。

王紀華是著名錄音師，在香港老牌錄音室 OK Studio 出道，1980 年代中為當紅的林憶蓮專輯錄音，後參與 Beyond 專輯當製作人，1988 年 Beyond 北京演唱會他是一行八人之一。後為勁石的音樂總監，1990 年代中加入華星，製作了陳奕迅早期幾張唱片。

1983 年侯德健到內地後，1984 年出版《新鞋子舊鞋子》，這專輯不在內地錄音，是在香港的 OK Studio，原因肯定是樂手水平和錄音師的技術問題。當時主要錄音師是王紀華和陳維德。

陳維德後來跟侯德健去了北京發展，1986 年又到了佛山，就是我去做錄音統籌的地方。《一無所有》就是他先聽到母帶，像發現新大陸般打電話通知我去錄音室聽。當時我們佛山南海的錄音室其實很簡陋和狹小，而且只是十六軌的二手調音台，那是老牌歌手葉振棠轉讓的（當時香港和內地錄音室普遍換成二十四軌的調音台）。但當時我們的錄音出品質量卻在內地享有盛名，很多外地公司都預定來錄音。

不過，往往他們來到佛山都很驚訝我們錄音室的設備和外觀，覺得不可思議。其實，對音樂來說，機器是其次的，人對音樂的觀念才是重要，有個香港錄音師就是不同。當時我們還有個優點，就是離廣州近，廣州已經出現了一幫職業樂手，最著名就是那個卜通 100 樂隊。卜通 100 是當時廣州最大最好的歌廳，現在的話叫 live house，現在經常在電視露面的編曲人、結他大師撈仔就是在這裡出道。陳維德後來回香港加入寶麗金製作部，改回原名陳永明，擔任過達明一派、周慧敏和天王黎明的歌曲及唱片監製，所以那幾年，黎明很多歌都是我寫詞的，比如《我來自北京》、《我的親愛》等。

卜通 100 這個名字還是侯德健起名的，他在 1986 年由北京移居廣州，1987 年又以廣州為基地，製作了程琳的專輯《程琳新歌·1987》，唱紅了《信天游》。《信天游》原版是 disco 曲風，

後經侯德健改編，變成紅遍全國的搖滾版，與《一無所有》互相輝映。這兩首帶有陝北調子的歌曲風行，與陳凱歌和張藝謀等的農民電影不謀而合，造就了內地樂壇幾年的西北風熱潮，有了後來的《黃土高坡》、《山溝溝》等西北風格流行曲。

到 1990 年，西北風已經到了尾聲，代之而起的是大量正版卡帶進入大陸的台灣歌曲，王傑、周華健、鄭智化、趙傳、羅大佑等等。本來香港粵語歌因為沒有政治原因，比台灣歌曲更早合法進入大陸市場而形成相當大的影響力，也因為台灣的國語歌曲進入大陸而受衝擊。Beyond 1990 年第一張在內地發行的國語專輯《大地》，反響不大，不過那些比較早注意到 Beyond 的人會記得《你知道我的迷惘》（《真的愛你》的國語版）。

家駒和 Beyond 第二次到北京應該是 1991 年，在中央電視台一個演唱會上唱了《大地》，網上還有影片記錄。這一次我也是多年後看到視頻才知道。1990 年代初，我經常在北京，身邊很少人提到 Beyond，我這御用填詞人的身份並未受到注意，直到 2000 年之後互聯網普及，我們才通過網上知道 Beyond 的歌迷遍佈全國，我的「知名度」也有所提升。

我也可以説，在家駒這一年離開我們之前，他也不知道內地有多少人認識他，更不能想像他的作品會往後流傳了三十年。

《情人》
盼望我別去後會共你在遠方相聚
每一天望海　每一天相對

我和四子時期的 Beyond 最後一首合作的歌曲。本來的 demo 原名為《大陸情人》。我按著自己的感覺去寫,後來這一首歌被很多歌迷詮釋,認為是家駒寫給歌迷的告別書。其實我寫《情人》是講兩個生活在不同政治制度下的戀人故事,跟第三者沒有關係,就算有,那第三者是牆,就像柏林圍牆。家駒走後,有很多歌手翻唱過這首歌,包括張學友、陳奕迅、黃耀明、S.H.E、謝安琪……但唯一一令我聽到熱淚盈眶的是林憶蓮,她在 1993 年底紀念家駒的演唱會上唱出,很感人。潘源良説這是 1993 年年度之歌。

《情人》也有國語版,唱片公司曾經找我寫,但最後沒有用我的版本,變成了林夕寫,Paul 唱。我還留著當年的手稿,寫於 1993 年 5 月 24 日,在大地唱片北京華威公寓 1013 房裡發出,家駒發生意外前的一個月。

《情人》(國語)

曲:黃家駒

詞:劉卓輝

但願你不再為我在那夕陽中哭泣
我依然明白　你的心空虛
但願你不再為我在天明還要回憶
我們的甜蜜　一切都過去

#Woo ～你可知　我也會想你
在剎那之間憂鬱

到底是不是一天　一天的等
到底是不是一回　一回的問
到底是不是一陣　一陣的冷
到底是不是一生　是我情人 #

但願我和你有天會在那遠方相聚
往日的美麗　再一起呼吸
但願你如今不會再有黑暗的恐懼
誰讓我遠離　你的天空裡

1993 年，那一個關鍵的年份，在他 31 歲的英年，那個六月天，哭乾了多少朋友與歌迷的淚眼。

四子最後一張專輯《樂與怒》出版，樂與怒，rock and roll，沒有了上一張《繼續革命》那股濃濃的鄉愁，而是更堅定地向我們呈現了搖滾音樂，「原諒我這一生不羈放縱愛自由」仍然傳唱至今。

四子最後一場演唱會，是在馬來西亞的吉隆坡，一場不插電的音樂會，家駒在尾聲時説希望在 1994 年再見，但現實就是如此諷刺。過了這麼多年，Beyond 在東南亞的知名度仍然很高。

馬來西亞有很多華人，達七百萬，當地華人都愛看港劇和聽香港音樂，廣東話在這個國家也很普遍。反而，與馬來西亞一河之隔的新加坡，為了推廣華語（普通話）而長期嚴禁粵語在電視和電台播出。不過，Beyond 在新加坡的知名度一直不弱。

6 月 24 日，聽到家駒在日本參加遊戲節目時跌倒的消息，完全沒有想過他會離我們而去，沒有最壞的打算，一切都是那麼突如其來。那段日子，我在香港，曾經聯同一些家駒的好友到電台，通過廣播呼籲大家祝福家駒，望他平安無事。

6 月 30 號那天，得悉他去世的消息，就像是一個很久不見的朋友，突然走了。我沒有很大的悲傷，只是若有所失，或者是因為我們從來都沒有很親近的緣故，在生活上並沒有頻繁的交集。上一次見面，已經是他們去非洲之前的 1991 年。

那個六月天，改寫了 Beyond 發展的軌跡，是他們從四人時期走到三人時期的轉折。死者存活在生者的思念中，這是一個不易克服的傷痛，外界甚至猜測到底 Beyond 是否要面臨解散。

家駒去世以後，滾石出版了一張《祝你愉快》的紀念大碟，由滾石旗下的歌手翻唱 Beyond 的作品，向家駒致敬及悼念。裡面，收錄了林憶蓮的《情人》，和兩個版本的《大地》，分別是台灣趙傳演唱的國語版及新加坡音樂大師李迪文（Dick Lee）演唱的粵語版。

四個月後，香港又失去另一位音樂人：陳百強。我沒有為陳百強寫過詞，但他亦是那個時代的人物，在 1980 年代，曾經極受歡迎。他是偶像派，但曾經獲得電子琴大賽冠軍，同時作曲不少，他的去世同樣令人感到惋惜。

第四個階段：

三子時期

1994 ——————— 2005

失去了家駒的 Beyond，被外間稱為失去了靈魂的樂隊。得承認家駒的光芒與魅力一直照耀著 Beyond 的成長，於是他的離去被人認為三子時期的 Beyond 會因而失色不少，但我不這樣覺得。

1994 年，三子艱難而堅強地克服傷痛，收拾心情之後再重新出發。曾聽過有人説應該要儘快補上一位主音以保持四子的狀態，但問題是，哪裡還有第二個黃家駒呢？

從 1994 年之後的十年，他們所呈現的又是另外一種風格，一種更搖滾更憤怒的音樂，三子時期的 Beyond 顯得更加自我進取，創作音樂時對於市場的考慮和顧忌變得更少，於是朗朗上口的那種流行歌曲減少，做的音樂更貼近 band sound，是一個「有自己音色」的樂隊。但這些歌曲，或者我會用音樂來形容，並不迎合當時大行其道的卡拉 OK 歌曲文化，而四大天王當時已經雄霸香港樂壇。

多數的聽眾都不是對樂隊感興趣，而是對悦耳動聽的歌曲才感興趣。這個時期的 Beyond 玩的音樂更像樂隊而不那麼像歌曲，所以流行程度有所減弱。有些歌迷因為沒有家駒而否定三子時期的 Beyond，更是不公平的。

三子的合作直到 20 世紀末才告一段落，在暫時分開的 1999 年與正式解散的 2005 年之間的五年，他們開始作個人發展。

他們分別在 2003 及 2005 年的時候重組舉辦巡迴演唱會，從

亞洲到美加。最後，在 2005 年宣佈正式解散，令不少歌迷和朋友感到唏噓，仿佛暗示著一個輝煌時代的終結。然而，樂隊的命運本來就是這樣，相聚離開，都有時候。這條路走了這麼多年，也確實是在跌碰中走了過來。

而隨後我和三子，仍然保持合作關係。

這段時期的三子，對於主流樂壇的批判更猛烈。

有報導説家駒曾經批評過香港的男歌手很多都是男聲女腔。如果説 1980 年代的樂壇是譚詠麟與張國榮的天下，那麼到了 1990 年代開始，風靡香港及華人地區的是四大天王：張學友、劉德華、郭富城和黎明。

至於香港社會，正處於回歸前的幾年，1997 年仿佛成了一個大限，香港人有的趕緊移民，但香港唱片市場又或娛樂行業卻迎來前所未有的興旺，而且回歸前半年的樓價狂升，更是驚人。

家駒時期有過一首《爸爸媽媽》隱喻中英兩國是香港的父母，三子時期的 Beyond 也創作了幾首歌曲，響應這個《大時代》的到來。

《大時代》
不必慌慌失失指鹿為馬
應該簡簡單單跳著舞吧

1997 之後，突然來個金融風暴，香港面對很多的難關，尤其經濟環境，房價一路滑下，由 1997 年最高峰到 2003 年，房價跌了 70%，期間很多香港業主淪為負資產，香港度過了非常艱難的時刻。《獅子山下》是顧嘉煇與黃霑的作品，一首反映香港 1970 年代香港精神的代表作，經常被政府高官引用，用來鼓勵市民。連時任國務院總理朱鎔基在 2002 年訪問香港時，也曾深情朗誦其中歌詞。

1994

那年，他們結束了和華納及 Amuse 的合作關係；

那年，他們簽約滾石唱片；

那年，他們出版了專輯：《二樓後座》、*Paradise*（國語）。

《打救你》
我很想去打救你

曲風是重搖滾，所以我寫了個粵語粗口的諧音做歌名，這樣比較憤怒。內容是一首以情歌表達的非情歌，我自認為是一首愛國歌曲。因為沒有跟他們溝通，所以也不知道家強知不知道我的原意。

《仍然是要闖》
總跟你路途上衝過　無論有幾多荊棘坎坷

這是我少有度身訂做給 Beyond 的歌詞，一直想著家駒離去後他們如何堅持下去的心態去寫，也是給三子打氣的心聲。

《天地》
就算冰封崎嶇千里　踏破遠山穿過晨曦

《天地》是家駒作曲的遺作，1994 年 Leslie 找我作詞，由華納的林子祥主唱。收到的 demo 寫著「river」。後來廣州有個非職業歌手黃藝明翻唱這首歌在網上流傳，聲音極像家駒，我把連結發給家強，連他也嚇了一跳。

從《二樓後座》再開始，是他們重新出發的一張重要專輯。這張專輯的水平仍然很高，而這段克服傷痛的時間不過是相隔了僅僅一年。《二樓後座》，一個相當有創意和意義的專輯名字。

這張專輯有幾首紀念家駒的歌曲，有 Paul 寫的《遙遠的 Paradise》和 *We Don't Wanna Make It Without You*，也有家強的《祝你愉快》。《二樓後座》仍然有著一貫的 Beyond 風格，諷刺時弊，就像林振強第二次出現作詞的《醒你》，而《超級武器》繼承過往的人道關懷。

二樓後座這一個地方，是 Beyond 排練起步的小天地，記錄了一段重要的光陰。這個位於旺角的唐樓小單位，我去過幾次。早期這裡只是用作排練和聚會的地方，到了 1996 年加建了錄音設備，變為一個正式的錄音室。目前打理二樓後座錄音室的是 Gordon O'Yang，新藝寶時期 Beyond 的唱片監製，我們合作過《灰色軌跡》、《誰伴我闖蕩》等。Gordon 也是個資深結他手、錄音師，世榮近年的演出，他是樂隊台柱。

二樓後座是唐樓（那些建於 1960 年代沒有電梯的樓房），是世榮家的房產，總面積約五十平方（五百平方英尺）。1980 年代分隔為幾個小房間對外出租，而 Beyond 利用其中一個房間

排練，所以經常被其他人投訴。後來這個空間真的完全變成了 Beyond 的總部。Beyond 解散後，二樓後座成為世榮自己的錄音室。而這條街，現在周圍開滿花店，每天人來人往的行人，有多少知道他們正在路經一個充滿歷史的音樂聖地？

在香港組樂隊的年輕人很多，現在大部分的排練室都位於工廠大廈，又便宜又不怕吵到別人。1950 至 1980 年代的香港是個工業社會，一座又一座的工廠叢生於這個小小的石屎森林當中。自經濟轉型後，工廠陸續關閉或遷往珠三角，替換上來的是嶄新又美輪美奐的商業大廈。從工廠大廈到商業大廈，建築上的轉換顯示了香港的發展進程：一個從工業社會走到商業社會的過程，後來，國際金融中心成為了香港的代名詞。

還沒拆卸的工廈，除了會被改作辦公室外，因為空置率高，便以低於住宅的價錢出租，所以 2000 年後很多原來設在住宅的排練室甚至小 live house 都搬進了工廈。

另一方面，自 2000 年代開始，音樂軟件和電腦設備開始普及，很多音樂人可以在自己家裡小小的空間架設一個 home studio，變成一人樂隊（one-man band）。

電腦的音樂軟件能夠解決愈來愈多音樂上遇到的技術問題。自從鼓機變得普及後，很多鼓手首先失業，除了演唱會聘用鼓手外，錄音的時候普遍會用鼓機代替。錄真人打鼓的話，架設一套鼓佔用空間不少，加上收音技術要求高，在寸金尺土、講究成本效益的香港，就變成能不用真鼓就盡量不用為主導思想。

這個情況跟錄管弦樂一樣，能用電腦代替就盡量用電腦。所以多年以前開始，香港的大牌歌手，要錄管弦樂，多數跑到北京錄，因為香港已經沒有空間那麼大的錄音室了。

結他手比較幸運，因為電腦還未能完全模仿。

1994 年以後，Beyond 與 Leslie 沒有繼續合作下去。據聞在家駒去世之前，他們已經開始打官司，關於詞曲版權的官司。

他們的官司最後是庭外和解。結果是家駒在世時候所創作的歌曲，無論是否已經出版，都屬經理人所有，這是為何後來 Leslie 能夠出版那些 demo 的原因。

當三子重新上路之時，也是我告別大地唱片的時候。自從易手給智才集團，大老闆對唱片業漸感興趣，開始指導我的工作，我的自由度沒有開頭兩年那麼多了。這一年，我把《校園民謠 1》這張專輯母帶完成後，就離開大地，另行創立字母唱片——一個新的唱片品牌。

《校園民謠1》出版以後，勢如破竹，高曉松詞曲的《同桌的你》風行全國，主唱老狼一夜成名。而這時候，我只是個局外人，與我無關。黃小茂、沈慶、高威（後來的歌手馬格）這幾位深度參與者，跟我一樣，都已離開大地。

仿佛每個國家都需要經歷一次民謠運動似的，我是被這種直覺影響接受做校園民謠，黃小茂是這張專輯的製作人。

正當校園民謠在內地火紅的時候，1994 年，內地的搖滾音樂也邁向高峰，也嘗試走進香港人的視野。年底的時候，魔岩三傑和唐朝樂隊到了香港，在紅館開了一場「搖滾中國樂勢力」，也應該是香港人接觸內地搖滾樂繼 1989 年崔健之後最全面的體驗。那場演唱會，堪稱萬人空巷。他們是第一批來香港開演唱會的內地搖滾歌手。

何勇來港之前對媒體說了一句類似的話：「四大天王，只有一個會唱歌」，成為港台的新聞熱點。有否似曾相識的感覺？家駒也曾說過「香港只有娛樂圈沒有樂壇」。

何勇這下子一夜成名，香港娛樂圈紛紛打聽這小子到底是誰。

演唱會現場紀錄片《搖滾中國樂勢力》的導演，正好是我好友邱禮濤。

這一年，Beyond 已經放棄在日本發展，而我，卻因為結識了日本唱片界的朋友，合資做字母唱片，而開始之後五年頻繁地到日本工作。

1995

教壞細路：不是每一種聲音都叫音樂

那年，他們出了兩張專輯：*Sound*（粵語）、《愛與生活》（國語）。

Sound 開宗明義便寫著：「不是每一個樂隊都叫 Beyond，不是每一種聲音都叫音樂」。嘩，這個「聲音」好自信！

這一年我們沒有合作，但我的一個老朋友卻開始了與 Beyond 的合作。

Beyond 的歌曲愈來愈有火，一首《教壞細路》，把某大電視台批評得體無完膚。其實《教壞細路》可以視作批判娛樂圈的延續。*Sound* 明顯與上一張的《二樓後座》有所不同，如果説《二樓後座》是埋藏著家駒的影子，那麼 *Sound* 就是嘗試擺脫家駒的影子。

有這樣的轉變，除了 Beyond 三子之外，還有這張專輯的製作人：李振權（Jim）。Jim 當時是滾石的 in-house producer。

Jim 是我的老朋友，我們於 1984 年認識。他那時候是陳慧嫻出道時的唱片監製兼老闆之一。陳慧嫻一出道唱《逝去的諾言》就紅，紅到可以和林憶蓮及梅艷芳在 1980 年代的香港樂壇三分天下。

Jim 又監製過黑豹樂隊的第一張專輯和林憶蓮的《至少還有你》。他曾在 1980 年代中與陳慧嫻的早期主要作曲人安格斯組過一支名為「皇妃」的四人 glam rock 樂隊，但出過一張唱片後就解散了。Jim 近二十年在台灣發展為主，他跟劉志遠長期合作，連劉志遠都搬去了台灣居住。陳奕迅、張惠妹、王力宏等都是 Jim 長期合作的歌手。

在 2000 年前，實體唱片裡面的歌詞頁會仔細地標明參與製作的名單，但到了今天，在互聯網的世界，一首歌曲仿佛就只剩下作曲人、作詞人，幸運一點的編曲者也會被提到，但製作人、樂手和其他幕後人員通常都沒有了身影。

至於 *Sound* 為何沒有找我寫詞，我也覺得是個謎。

1996

那年，他們出版了專輯《Beyond 得精彩》；

那年，他們在紅館舉辦了「Beyond 的精彩 Live & Basic 演唱會」；

那年，他們在吉隆坡舉辦了「Beyond 的精彩大馬演唱會」。

《太空》
跟我一起　消失於這個世紀

《太空》這個歌名應該是阿 Paul 給我 demo 時已經有的，裡面有幾句歌詞也是原有的，比如：「飛出太空」。基本內容是按 demo 裡零碎的歌詞組成。我就是個修理工，但修理技術應該不錯。

《罪》
不必商討對不對　不必粉飾抹不去

繼《打救你》後，家強又來一首更重金屬的曲子。這首詞不用情歌去包裝了，直接寫出來，怎麼理解，就看你自己了。

《夜長夢多》

離不開灰色的都市中　人沉迷藍調的晚空

這首歌調子很灰，很藍調。可能是我寫的歌詞中字數最少的一首，就是最短。當時寫完，覺得沒辦法再寫一段 A2 就交了，還很擔心阿 Paul 要我加多一段歌詞。

記得這年 8 月某天我身在倫敦，剛拍完艾敬新歌《追月》的 MV，有一天在酒店接到電話（是打我香港手機漫遊接聽），是滾石香港公司的企劃周穎端打來的，找我為他們寫歌。

《Beyond 得精彩》EP 只有五首歌。上面三首是我寫。本來還有一首《想你》，怎知道被退稿，後來變了周耀輝寫詞。這是初嘗被 Beyond 退稿的滋味。

他們在紅館開了「Beyond 的精彩 Live & Basic 演唱會」，是繼 1991 年之後再次以 Beyond 名義踏足紅館，這場演唱會輯錄成影碟且製作精良，網絡上流傳不少這個演唱會的影片。

那年頭流行雷射影碟（LD），跟黑膠一樣大小的載體。在此之前流行的是錄像帶，之後有 VCD、DVD，到了今天甚至不用這些實體都能夠收看影像了。我曾經買過這一場演唱會的 LD。這股 LD 的風潮來去得很快，不過幾年之間的事，主要是因為 LD 很貴，通常要三百元港幣左右。而 VCD 只是幾十元，當然畫質相差很遠。

1980 至 1990 年代，是錄像帶的天下，開始時有兩種格式，一種是索尼（Sony）的格式 beta，另一種是松下（Panasonic）的 VHS。隨著市場的競爭，最後 VHS 格式大勝，市面上看到的錄像帶百分之九十九都是 VHS。這兩種格式不可兼容，有如 Mac 和 Windows、iOS 和 Android。

錄像以外，聲音的載體則是一個從黑膠轉為 CD 的過程。1990 年代之前，香港人聽音樂都是買黑膠為主，直到 CD 的出現，黑膠就慢慢地銷聲匿跡。曾經有一段時間，索尼出過 mini disc（MD），功能有如卡帶（可以錄音），但不太成功，很快又消失。

索尼是家偉大的公司，錄音帶的 Walkman 隨身聽是由它所發明的。這項發明的出現令錄音帶可以不只在家裡收聽，而且可以很輕巧地帶到外面。進入 CD 年代後，它們再出了 CD Walkman。從前的索尼就像現在的蘋果，經常帶領電子產品潮流，但近十多年來，自從其中一個創辦人盛田昭夫去世以後，加上如韓國三星（Samsung）的崛起，索尼在這方面就弱得多了。

在 1996 年的那場演唱會中，阿 Paul 砸結他。外國的搖滾樂手在表演的時候摔結他也很常見，摔結他的鼻祖應該算是英國樂隊 The Who 的結他手 Pete Townshend，他在 1960 年代的酒吧作演出時，為了製造出更多的噪音，無意地演變成為摔結他，美國的音樂雜誌《滾石》（Rolling Stone）更把此舉列為「改變搖滾樂歷史的五十個重要時刻」其中一項。

後來 Beyond 評論謝霆鋒砸結他，説傻人才會做出這樣的行為，但其實，這是幽默自嘲。

有次在香港看 X Japan 的演唱會，在 encore 環節鼓手 Yoshiki 進入了歇斯底里的狀態，演出結束前他把面前的全套鼓推倒一半，把掛起來的巨大銅鑼狠狠敲了一下就把它翻倒在地，充滿著暴力的色彩。但其他成員沒有學他表演摔結他，有點可惜。

1997

那年，他們出版了兩張專輯：《請將手放開》、《驚喜》；

那年，香港回歸中國；

那年，香港的第一任行政長官由商人董建華出任。

《大時代》
開始井水枯乾你不用怕　江水即將滔滔會像雨下

回歸前夕，香港很熱烈的討論井水該不該犯河水，香港正處於一個大時代。

《請將手放開》
請將手放開　不要回來　不想更改

歌詞是跟阿 Paul 合寫的，他的 demo 已經有差不多完整的歌詞，不知道為什麼他還要我寫。通常 demo 有歌詞，我都不會重新開始寫，只會一點一點修改，有時候會全首都變成我的，但多數是改到一半就覺得 OK 了。

1997，對於香港人來說，是關鍵的一年，這一年，香港正式回歸中國。我在這年所寫下的歌詞，或多或少都投放了一種情緒在裡面。

1997 年 7 月 1 日的晚上，跟一班朋友在灣仔海旁一家高級餐廳吃飯，那個餐廳能看見煙花匯演，我們共同見證著回歸後第一晚。對於回歸，我沒有太多的情感，沒有一些港人心裡面對於未知的恐懼，也許是我不斷遊走於內地與香港的原因，對兩邊的環境都沒有陌生感。唯一比較感觸的是在電視直播看到最後一任港督彭定康上船離開的那幕，有點傷感，尤其捨不得他三個非常漂亮的女兒。

1997 年前後，香港人來來去去，移民又再回流。在回歸之前，香港經歷了兩波移民潮，第一次是在 1984 年《中英聯合聲明》簽署後，第二次則是在 1990 至 1991 年。那時候有些政治人物要求港英政府向港人發放英國本土護照。香港人本身有英國的 BNO 護照，但 BNO 是英國國民（海外）護照，不能到英國定居。最後英政府同意發出英國本土護照給五萬個香港家庭，需符合資格才能申請，資格其實就是要有點成就。後來才發現申請的人其實不多，限額甚至還有剩餘。

我當時沒有考慮移民，一來並沒有很害怕回歸的心態，二來也覺得沒有足夠的經濟能力。

對於中英雙方角力導致身份認同的焦慮，Beyond 在 1993 年寫下的《爸爸媽媽》最為人所熟悉，亦是一把響應時代的聲音。爸媽分別代表中英兩方，香港人要走怎樣的路，由不得自己作主。

對於回歸的思考，除了 Beyond 之外，還有其他的音樂人以音樂來響應時代，像羅大佑的《皇后大道東》、達明一派的《今

夜星光燦爛》、太極的《迷途》等等。

我在 1990 年簽下的艾敬也創作了一首《我的 1997》，以內地人的視覺和想像去看香港回歸。面世的時候是 1993 年，我身邊有些香港朋友聽到這首歌就會覺得害怕，一個內地歌手唱「1997 快些到吧⋯⋯」，那種害怕的心情我大概能夠理解。香港人和內地人對待回歸這件事，的確感受到差異的存在。

1997 年 6 月 30 日香港回歸那夜的慶祝活動，無論香港還是內地，都沒有媒體邀請艾敬參與任何節目。唯獨日本 NHK 電視台在香港做的直播邀請了艾敬現場演唱《我的 1997》。十年後 2007 年，香港旅遊發展局竟然邀請艾敬改編《我的 1997》，還是風頭正勁的電影《瘋狂的石頭》的寧浩來導演 MV。我本來預料，當晚在香港慶祝回歸的最大型官方晚會，艾敬應該會被邀請，有機會在胡主席和曾特首面前演出。真沒想到，還是沒有。反而十多年前的香港四大天王又難得地同台獻唱，但每人只唱半首歌，四個人加起來的演出時間都沒有郎朗一個人彈鋼琴演出多。事後，還有胡主席緊握劉德華的手長達九秒鐘的笑話在網上流傳，不知道張學友有沒有聽過？

Beyond 這年另一張專輯《驚喜》我也沒有參與作詞，參與較多的是 1990 年代中冒起的作詞人黃偉文。這張專輯的風格變得很電子化，也許他們之前就已經有這樣的轉變傾向，但在《驚喜》裡面更為明顯。黃偉文的歌詞是遊走在虛實之間，有別於過往我為他們寫的都很寫實。

1998

打不死：依然面對現實不會低頭

那年，他們出版了三張專輯：《不見不散》（粵語）、
Action、《這裡那裡》（國語）。

《打不死》
誰人要走

誰人要守

誰人要抖

《我不信》
在不夜城的背後　　誰是敵人又誰是朋友

《打不死》和《我不信》是荷里活電影《轟天炮》的華語地區
主題曲（有李連杰做反派主角）。《打不死》有個遺憾的誤會，
其中一句歌詞應該是：誰人要走，誰人要守，誰人要唞。「唞」
即是喘氣、歇一會兒的意思。但當年不知是否 email 顯示字體
的問題，最後出來是唱：誰人要「抖」。雖然抖也說得通，就
是顫抖，但我總覺得沒有唞那麼傳神。

《十字路口》
我們是否依然面對現實不會低頭

這是《誰伴我闖蕩》的國語版，編曲有很大改變。其實寫一首

經典歌曲的另一版本歌詞，難度是很高的，心裡壓力也特別大。雖然這首國語版並不流行，但我自己是十分滿意歌詞的。

《不見不散》專輯，我也沒有參與作詞，是第三張我沒有參與的專輯。

之後，他們出版了一張 EP Action，收錄了《打不死》和《我不信》兩首歌，都是美國電影《轟天炮 4》（Lethal Weapon 4）的亞洲中文版主題曲。電影團隊先找我寫國語版，就是《我不信》，這首國語詞我特別滿意。之後他們才找我寫粵語版《打不死》，但世榮已經寫了全份歌詞，又是找我來修理。結果我寫了一個全新的副歌，最後他們又是用了世榮原來的版本，所以署名是合寫。英文主題曲是由美國的超級大 band Van Halen 主唱。這是我和 Beyond 第一次接近荷里活的製作。可惜 2016 年張藝謀的荷里活電影《長城》不用《長城》做宣傳曲。

《轟天炮 4》讓李連杰當大反派，是他第一部進軍美國的電影。主角 Mel Gibson 是大明星，曾主演《驚世未了緣》（Braveheart），後來轉行做導演，口碑很好的電影《鋼鋸嶺》（Hacksaw Ridge）就是他執導。據説他還有一部電影，背景是重慶大轟炸。

寫《我不信》的時候是想著那套電影的，他們找中國人當反派，所以我的歌詞裡面也強調東西方一直以來的鬥爭。

當年陳水扁是台北市長，出席了電影的首映禮，他當時社會形

象很好。可惜做了台灣領導人後，從「台灣之子」變成了「台灣之恥」。

這一年，阿 Paul 和朱茵從鄰居變成情侶。我因為阿 Paul 的關係而為朱茵寫了幾首歌詞。有一次他為朱茵做歌讓她去台灣演出，找我填國語詞。第一次合作的《跳起來》，聽 demo 的時候嚇了一跳，曲風是極端重型搖滾，外形嬌滴滴的朱茵來演唱，令我感到非常意外。

2002 年朱茵自資出版專輯，阿 Paul 做製作人，我裙帶關係又寫了幾首國語詞，包括電視劇《如來神掌》的片尾曲《舉手不回》（柳重言作曲，王菲的《紅豆》也是他寫的）。粵語歌卻一首也不給我填，奇怪。

1999

請將手放開：三子宣佈分開發展

那年，他們出版了專輯 *Good Time*；

那年，他們舉辦了三場演唱會：「新城電台之 Beyond 2000 演唱會」、「Beyond Good Time 演唱會」和「Beyond 世紀末馬來演唱會」；

那年，Beyond 宣佈暫時分開；

那年，是 20 世紀的最後時光。

《錯有錯著》
不相信路已死　　縱要與你走千里
即使深山中　　沒人氣

這是 Beyond 1999 年宣佈分開前最後一張專輯，也是三子時期我們合作的最後一首歌。本來我填了一首詞《地圖》，我覺得也不錯，但被退稿。於是重寫，變成《錯有錯著》。而《地圖》手稿我一直保存至今。

20 世紀末，Beyond 三子舉辦了演唱會之後，就宣佈暫時分開。1987 年我開始為 Beyond 作詞，至 1999 年 Beyond 最後一張專輯，剛好十二年。家駒時期是 1987 至 1993，是六年。

三子時期是 1993 至 1999，又是六年。

那場在會展舉辦的「Beyond Good Time 演唱會」，我有去看，聽到這個消息的時候也沒有太大的傷感，他們只是說暫時分開作個人發展，又不是正式解散。我想當時歌迷的心情也沒有過於傷感吧。只是沒想到分開幾年之後，他們就決定正式解散。

很多歌迷在家駒離去之後，對於 Beyond 的支持度有所減低。由此可以看到大眾對於音樂的接受程度是怎樣一回事。我說過，家駒時候的 Beyond 的音樂很悅耳動聽，是流行曲，容易得到大眾的喜愛。但三子時期的 Beyond 並不遜色，他們的音樂更像是樂隊聲音而不是一般的流行曲，嘗試亦很大膽。所以說後期的 Beyond 音樂不好，我是不認同的。

很多人跟我說過：還是以前的歌好聽，現在的歌不知所謂，都不知道在講什麼東西。跟我講話的這些人，大都是年齡在四十至五十歲之間，五十歲以上的我很少接觸，但估計他們心裡也一定這樣想。

我一般會跟他們說：你們老了。現在的歌不是做給你們聽的。

我覺得每個人在求學時代聽的音樂，往往就是一輩子認為那些就是最好聽的音樂。到了社會工作，然後結婚、生孩子、買房買車、旅遊投資，忙忙碌碌、營營役役，哪有心思再聽時下的音樂。還有一個原因，是你還記得的少數歌曲，肯定是美好的，多數那些不好的，早已煙消雲散。

幸好我是做這行的，也要創作，故此比較能接受時下流行的音樂，從中也能找到這些音樂值得吸收的元素。不過你問我哪個時代的音樂最好，我也會説是 1960 到 1980 年代。我的原因跟前面説的不一樣。是我覺得流行音樂又或搖滾樂，已經走過了最燦爛和創作性最高的年代，就像古典音樂，今天還是在演奏幾百年前貝多芬、莫扎特的東西。然而，每個年代有每個年代的代表性人物，這也是必然的事。

臨別秋波，Beyond 送給我們的最後一張專輯，取名為 *Good Time*，是在提醒著我們這是最好的時代？還是最好的時代已經遠去？

2000

誰伴我闖蕩：新的里程碑

一百年才有一個世紀，我在三十幾歲已經可以經歷兩個世紀。從 20 世紀到 21 世紀，世界會變成怎樣。

踏進新世紀，Beyond 又再走到了另一個里程碑。1999 年的盡頭，他們在馬來西亞舉辦了一場世紀末演唱會。2000 年的開始，他們在一個新的位置繼續為音樂打拼，嘗試作個人發展。

21 世紀，整個社會的面貌又再翻新了一下。1996 年之前我連電腦都不會碰一下，直到接觸互聯網，我才成了一個網民，勉強用不正確的方法打字，直到今天。

2000 年之後，大家都走上寬頻之路了。連香港寬頻的廣告都曾用上《海闊天空》做背景音樂，用上戴安娜王妃、喬宏（曾經與家駒合作過《籠民》）、德蘭修女、李小龍，還有家駒去展現「生有限‧活無限」這一個主題。地鐵的燈箱廣告裡放著他們的影像，每個人都有一段文字在緬懷這些故人，家駒代表著的，是「永遠年輕」。對啊，這麼多年過去了，「他雖走得早，他青春不老」。

雖然這些文字和廣告令我對於寬頻網絡作不出任何的聯想，當時的網速 56k 年代也根本對於寬頻沒有什麼概念，但主題又令我再次想起家駒的金句「生命並不在乎你得到什麼，而是你做

過什麼」。

千禧年代，通訊方法從 email、QQ（或 ICQ／AOL／MSN）演變成十年後 Facebook、微博、微信、WhatsApp、Instagram、Twitter 的天下，歌手明星都紛紛建立個人的社交網絡帳號，讓粉絲與自己的距離更靠近。Beyond 三子也不例外，我跟他們從朋友，也變成網友。

形象方面，在家駒年代，雖然搖滾，但不邋遢。沒辦法，香港人不喜歡「憤青」，要走上主流影響大眾，在形象上也不能走得太極端。但是家駒一直都沒有很典型的「搖滾外形」，他給人的感覺是穩重多於憤怒。

到了三子時期，形象上就開始有了轉變，個人發展時期的 rock 友風格更為明顯，紋身穿環都有。

2001

無得比：黃貫中首張個人專輯

那年，黃貫中出了兩張專輯：*Yellow Paul Wong*、《黑白》；

那年，黃貫中舉辦了「組 Band 時間五週年特 Gig 黃貫中演唱會」；

那年，葉世榮出版了專輯《美麗的時光機器》；

那年，美國發生「911 事件」，轟動世界。

《無得比》（黃貫中）
共你熱戀可抵擋冰天雪地　　共你擁抱能忘掉名利

《有路》（黃貫中）
從前棱角失掉　　還是不用強調

《香港晚安》（黃貫中）
浮躁的光輝不夜城　　總有人來來往往

《香港晚安》在 2000 年寫下，阿 Paul 很喜歡，我也很喜歡，不只是詞，而是全部，編曲是張亞東，負責低音結他部分的是我也很喜歡的 Mick Karn（來自英國的 art rock 樂隊 Japan）。為什麼會叫《香港晚安》？靈感來自於鮑家街 43

號樂隊的《晚安北京》。這支北京樂隊的主唱就是現在紅透半邊天的汪峰（大明星章子怡的老公）。後來汪峰又寫了首《北京北京》，我也來了一首《香港香港》給夏韶聲。

《廢墟》（黃貫中）
如果理想再可以重建　烏托邦也不怕遙遠

《一切會好》（葉世榮）
自己製造　自己創造　一片國土

分開作獨立發展後，阿 Paul 率先出版個人專輯 *Yellow Paul Wong*。第一張專輯已經與眾不同，製作班底相當國際化。阿 Paul 當時簽約的是環球（前身是寶麗金）旗下廠牌非池中。非池中的負責人又是當年新藝寶的陳小寶，這個品牌目標是做一些更個性化的音樂，先後出版過劉以達的首張個人專輯《麻木》和鄭鈞的《天下無不散的筵席》。

張亞東有王菲「御用製作人」的稱號，早期為摩登天空和紅星旗下多個樂隊擔任製作人，之後王菲不用改編國外歌曲而有了自己獨特的時尚音樂，張亞東功勞不少。張亞東是個與時並進，充滿時代氣息的音樂製作人，好比同期日本的小室哲哉、香港的雷頌德。

Yellow Paul Wong 在歌曲及整張專輯的平面設計上都非常大膽，他與 LMF（大懶堂）合唱了一首《香港一定得》，全城禁播，因為有粗口。

此外，他同時組了一個樂隊「汗」，Dino Acconci 當結他手、恭碩良當鼓手、低音結他手是 LMF 的麥文威（Jimmy），但這個樂隊維持的時間並不長。

在 2000 年初的時候，Dino 和恭碩良還未成名，但他們都是會變成 artist 的人，不能永遠擔當一個伴奏的角色。後來 Dino 和他哥哥 Julio 在 2005 年組成了 Soler 樂隊，來自澳門的恭碩良也發行了個人的唱片。

阿 Paul 註定是一顆明星，Beyond 時期的主音結他，表現已經非常出色，多首歌曲的結他 solo，成為多少學習結他樂迷模仿的練習曲。個人發展之後的他個性更加突出，演出時往往即興演奏長長的 solo，揮灑自如，讓歌迷如癡如醉。

在西方樂壇，通常成為結他大師的都屬創造力比較強，很有個人風格的結他手。

在 1980 年代的美國，有一個很出名的樂隊 Toto，全部成員都是由非常專業的錄音室樂手所組成，情況就像香港的 Blue Jeans 和太極。

樂隊出唱片多是原創性多於技術性的，樂隊要有自己的「聲音」很重要。

世榮同年也出了第一張個人 EP《美麗的時光機器》，與阿 Paul 全然不同的風格，如果前者是火爆又憤世嫉俗的「壞孩

子」，那麼世榮的不妥協是溫婉而含蓄的。

世榮從鼓手轉型成一個歌手，是一個很大的突破，也需要一段適應期。世榮現在説其實不太願意聽回自己的第一張唱片，認為很多方面都未成熟，甚至未準備好去做一個獨立歌手。他的這張專輯，是獨立製作的。

除了獨立製作自己的唱片外，他當年還簽了創作歌手古倩敏和獨立樂隊 Tat Flip，有心去培育下一代的人才。

説回那首《香港一定得》，與阿 Paul 合作的 LMF 是香港經典的 hip hop 組合，我印象最深刻是他們早期的唱片《大懶堂》，裡面每一首歌都很精彩。本來我不喜歡 hip hop，但聽完 LMF 的那張唱片後，就改觀了，他們能夠把粗口唱得非常精彩。我最欣賞他們的是粗口加得很好，非常自然地融入了在歌曲裡面。

我一向很抗拒歌手裝憤怒而去唱粗口歌，通常都會加得很突兀，但 LMF 不一樣，他們令粗口歌有了美感。另外我覺得他們很大膽，因為把粗口錄進唱片裡面，這意味著他們並不祈求有任何媒體的播放。

這隊説唱組合，曾經創作過一首 R.I.P.，裡面有一段就是獻給家駒的：

> 係唔係又可以襯呢個機會去　去懷念一個

你同我都好熟悉嘅一個　偶像

佢寫嘅歌　唔單單止影響我

仲有千千萬個唔知搖滾係乜嘢嘅初哥

雖然曾經有人話過　你背叛左搖滾音樂精神

為名為利就去埋沒自己

其實你嘅孤獨

有邊個會知又有邊個會去理

還有一首紀念我偶像李小龍的《1127》（李小龍的生日），令人津津樂道。我也曾經寫過一首與李小龍有關的電視劇主題歌《截拳道》，夏韶聲主唱。

家駒創作了多首關於和平的音樂，然而現實世界總是殘酷的，血淋淋的景象迫使人們作出更大的反思，戰爭與和平，不只是俄國作家托爾斯泰筆下的偉大小說。

2001 的 9 月 11 日，有飛機撞擊美國紐約市的世貿大樓，被指是阿爾蓋達組織所發動的恐怖襲擊，這是後來大家都難以忘記的「911 事件」。之後，美國發動阿富汗戰爭。

911 之前的 4 月份，我曾經到過紐約世貿的九十九樓看一個藝術家們的集體畫展。還記得從窗口望出去真覺得挺高的，有點害怕。那裡可能是我去過最高的建築物了。

911 那天晚上，跟陳冠中在北京三里屯的酒吧相聚。忽然接到香港朋友打來的電話說有飛機撞向世貿大廈。那一刻真不是一

般語言説的那種震驚。

立即趕回家看電視，才知道不只一架飛機撞向世貿大樓。那一夜，中文電視台只有鳳凰衛視做了通宵直播，就像 CNN 在 1991 年海灣戰爭中實地直播報導一樣，鳳凰衛視一下子建立了新聞方面的領先地位。

由於「911 事件」太震撼，家強提及之後寫的《殺戮戰場》就是關於這件事的。

2002

愛沒有左右：黃家強首張個人專輯

那年，黃貫中出版了兩張專輯：*Play It Loud*、《同根》；

那年，黃家強出版了專輯 *Be Right Back*；

那年，黃貫中舉辦了「Play It Loud 演唱會」；

那年，黃貫中與環球唱片約滿；

那年，黃家強與環球唱片簽約；

那年，我搬到珠海生活，一住就是五年。

《如果天有眼》（黃貫中）
而你將花與草活埋　像戰火再沒法破壞

《太平山上》（黃貫中）
你有了過萬尺花園　最近你有沒有去探望過屋村

《翻山越嶺》（黃家強）
原來掌聲終會歸於平靜

2002 年，家強也出版了第一張個人專輯。

《愛沒有左右》（黃家強）

我在狂想自由　才能真正擁有

《愛沒有左右》是在 1997 年寫給陳奕迅的，家強作曲，我作詞。家強在這年個人演唱會「叱吒 903 組 Band 時間家強第一 Gig」重唱了這首作品。

2014 年的十大中文金曲頒獎典禮，在後台等頒發最後一首金曲時，陳奕迅來跟我説多謝我。我以為他的《歲月如歌》得獎。原來他説多謝我十多年前幫他寫的第一首歌《愛沒有左右》。這是我們第一次碰面交談。結果是張智霖的翻唱版《歲月如歌》得獎。一首十年前的歌被翻唱拿獎，原唱者來多謝我另一首歌，翻唱者説也要多謝陳奕迅，時空極度交錯。

Beyond 出道至此近二十年，頭十年是香港樂壇百花齊放的十年，唱片公司和媒體都較重視音樂，但從 1990 年代起，樂壇仿佛又倒退到只重視明星偶像的年代，而且卡啦 OK 音樂橫行，音樂行業在商業化的過程中，變本加厲。

自 2000 年起，全球興起男團和女團組合，港台就出現 Twins、S.H.E. 等，大受歡迎。

這樣的趨勢，一方面是唱片公司的管理者改朝換代，上一代以玩音樂出身的人為主導，過渡為以市場營銷的人為主導。各大國際音樂集團間的競爭，以擅長收購合併玩財技的職業經理人更得寵，追求利潤與市場佔有率成為他們考慮的首要條件。

互聯網出現，MP3面世，數字音樂處於侵權和維權的鬥爭，對唱片行業的影響翻天覆地。

2002年，我移居人口只有一百多萬的小城珠海，好像遠遠地看著外面的世界很精彩，而又能通過網絡輕易參與其中。

繼十年前的非洲之行後，Beyond成員仍然不忘關注貧窮地區，除了在音樂裡面作出控訴之外，他們不忘參與公益活動。阿Paul先是因為饑饉三十的活動而去了緬甸，專輯《同根》就是因為緬甸之旅而生的。緬甸這個地方總是神秘莫測，近年國家也開放過，但政局依然反反覆覆。

緬甸之後，Paul又隨宣明會前往甘肅探訪。中國太大，自從1979年改革開放後，內地東面和西面的經濟發展並不同步，走不進主流視野的西北地區，唯有靠明星宣傳，才能夠引起大眾更多的關注。當年，Beyond從肯尼亞回來後有了 *Amani*，這一年，從甘肅回來後的Paul寫了一首《孩子》。

那次陪同阿Paul到甘肅的，是劉宏博（Mike）。Mike是Beyond早年的朋友，成長於北京，後移居香港。曾經擔任Beyond的「御用攝影師」，《舊日的足跡》的靈感就是來自於他的故事。1988年Beyond去北京，他也在北京出現，我們還一起爬上長城。那時候，我不知道他已經是個香港人了。

2003

2003，多事之年。

那年，他們出版 EP *Together*；

那年，他們舉辦了巡迴演唱會「Beyond 超越 Beyond」；

那年，Beyond 成立二十年；

那年，黃家駒去世十週年；

那年，葉世榮出版專輯 *Remember You*；

那年，爆發非典型肺炎 SARS；

那年，張國榮、梅艷芳、林振強相繼離我們而去。

《珍惜》（葉世榮）
誰已忘記何處繼續追

和世榮合寫，主要是基於他原來的創作去修改，這首歌是獻給他突然意外去世的女友。

《老細》 （葉世榮）

這個老細　你咪粉飾虛偽　似個廢帝

這首歌是針對董特首而寫的，那幾年香港社會經濟很差，社會很多問題都歸咎於他。

2003 年，是多事的一年，也是 Beyond 在暫時分開後再重聚的日子。

年初某天我在珠海家中，接到 Beyond 的工作人員阿龔找我填一首歌，以 Beyond 的名義而不是個人。他說那是家駒的遺作，當時我並不知道他們打算開巡迴演唱會，什麼都不知道，只是以為他們純粹希望以 Beyond 的名義再出一首歌而已。

我是在珠海完成這首詞的，後來阿龔向我反映希望再修改，我修改過後，就再也沒有消息了。再之後，面世的是黃偉文作詞的《抗戰二十年》。

我的主題是想寫三個人分開了一段時間，然後又再走回一起，便是「今天的火花」。寫的時候沒有預想過後來會發生的事。

我的版本是《今天的火花》：

不管幾次天要塌沉地要崩　大難擔當我認頭
外面風聲鶴唳　拋諸腦後　我信有得救
不管幾次可戰勝強大對手　為麵包加上自由
若是不可接受　公開憤怒　抗議再詛咒

心中的抑鬱　不必裝敦厚
今天的火花　仍然照舊

wow...wow...oh　哪怕再次奮鬥　我願承受
wow...wow...oh　我有勇氣拍心口　可戰鬥

不管幾次得意我從沒借口　就在風光裡夢遊
事實怎可盼望　蒼天庇佑　鬥志會生銹
不管幾次走到了疲倦困憂　就像走不遍地球
若是披星戴月　清風上路　有你已足夠

心中的滄桑　不必裝睇透
今天的火花　仍然照舊

wow...wow...oh 哪怕再次計較　有沒成就
wow...wow...oh 我已放棄再啲啲
wow...wow...oh 哪怕再次奮鬥　我願承受
wow...wow...oh 我有勇氣拍心口　可戰鬥

wow...wow...oh 哪怕再次計較　勝負成敗
wow...wow...oh 我會再向遠方走
wow...wow...oh 哪怕再次奮鬥　我願承受
wow...wow...oh 我有勇氣拍心口

wow...wow...oh 過去卻已過去　已是懷舊
wow...wow...oh 哪怕再見與分手

wow...wow...oh 哪怕再次奮鬥　我願承受

wow...wow...oh 每次再見理想有　新戰鬥

非典型肺炎 SARS 來襲，香港及北京都呈現著愁雲慘霧的景象。那時我住在珠海，也會到香港，3 月份正式宣佈有 SARS 的時候，看到香港滿街人人都戴著口罩，那種感覺很恐怖，令我不想逗留。回到珠海空氣清新，沒有人戴口罩，仿佛一切如常。

非典時期，我在珠海家裡寫了陳奕迅的《歲月如歌》的歌詞。

Beyond 第一次舉辦巡迴演唱會，從香港開始，然後去了北京、馬來西亞、廣州、上海、美國、加拿大、深圳，從 4 月到 12 月，歷時大半年。在 SARS 期間，他們在香港開了五場，SARS 過後，再加開三場。那時候其實社會氣氛很蕭條，很少歌手會冒險開這麼多場演唱會。

1980 年代，開幾十場紅館演唱會對香港知名歌手來說是等閒之事，到了 1990 年代末至 2000 年初，香港面對金融風暴經濟下滑，演唱會陷入低潮，唱片市場的銷售亦開始下降。

我有去看 11 月在廣州的那場，露天的演唱會。我專程從珠海到廣州看，雖不太遠，也沒有很近。Beyond 繼 1988 年在北京的那場演唱會之後，就沒有在內地開過，他們從沒有耕耘過這片土壤，可沒有想到，我身處其中首次強烈感受到內地觀眾對 Beyond 的熱愛，他們真的很紅。

那個演唱會，令人最難以忘懷的一幕，是「四位一體」的時刻。家駒的身影被投射到舞台中，家駒的聲音哼唱著 demo 的前奏，三子接著把「wow…你我霎眼抗戰二十年」演繹下去。這是感動人心的一幕，整整十年都再沒有看過四子「同台」，他們以這樣的方式紀念家駒。

Beyond 再次聚首，除了巡迴演唱會，還替電影《無間道 II》寫了一首主題曲《長空》。

《無間道》是當年低迷的電影市道下，叫好叫座的電影，一套難為正邪定分界的三部曲，講述了警察與黑道互相交錯的臥底生涯，劉德華和梁朝偉做主角。這部香港電影甚至被荷里活買下版權，改編成美國片《無間道風雲》（The Departed）。聽說《長空》的出現是在導演劉偉強在看完 Beyond 的演唱會後，決定找他們為《無間道 II》寫主題曲，連 MV 都是由導演親手製作。劉偉強在此之前最重要的電影就是《古惑仔》系列了。

《無間道》系列說的是臥底的故事，雖然是黑白兩道的故事，卻有別於典型的黑幫片，黑幫片一直是香港重要的類型片，1990 年代的經典是《古惑仔》系列，我還幫浩南哥（鄭伊健）寫了首主題曲《友情歲月》，後來被山雞（陳小春）和黃耀明翻唱過，明哥的版本還把編曲變成電子，很有味道。

《古惑仔》有一首插曲《刀光劍影》是改編自《歲月無聲》的原曲，由該電影的監製及編劇文雋填詞。說起文雋，我在 1984年的時候跟他在嘉禾電影公司學習編劇工作，他算是我半隻腳

踩進電影圈的師父。

《長空》是以 Beyond 之名出版的最後一首歌曲,以香港電影金像獎的「最佳原創電影歌曲」來作結。

而 Beyond 最後的一張唱片,是 EP *Together*,收錄《抗戰二十年》和重新灌錄的《永遠等待》、《昔日舞曲》、《灰色軌跡》四首歌曲。

這一年 4 月 1 日愚人節,張國榮去世。1980 年代初,我於《現代青年人週報》工作時,曾經被唱片公司安排,與張國榮在咖啡廳做了個訪問,一對一。那時我初出茅廬,他很公子哥兒。

這年 11 月 16 日,填詞人林振強亦突然因病離去。在家駒時期,他寫了《早班火車》,三子時期,合作了《醒你》。他的姐姐是著名才女作家林燕妮(林燕妮的前夫是李小龍的兄長李忠琛,離婚後與黃霑一起)。林振強的正職是廣告公司的創作總監,也愛發表漫畫「洋蔥頭」。我們相識於 1990 年,雖然沒有私交,但他是我心中很敬重和佩服的人。1986 年我得填詞比賽冠軍,他是評委之一。

12 月 30 日,年僅四十歲的梅艷芳,也走了。

2003 年,香港房價跌到谷底,非典讓幾百人失去生命,民怨爆發,導致 7 月 1 日回歸紀念日變成五十萬人大遊行。

2004

那年，黃家強出版專輯《畢家索的馬》；那年，黃貫中出版專輯《我在存在》。

約滿環球唱片的阿 Paul，回復自由身，《我在存在》是自資製作，全碟的曲詞編幾乎自己一手包辦，由百代唱片發行。

家強也出了《畢家索的馬》，他說這是一張送給家駒的專輯。畢加索是家強喜愛的畫家，馬則是家駒的化身。之後 Picasso Horses 更成為家強的自家音樂品牌。

自 2004 年開始，別說三子沒有找我填詞，連我自己的填詞生涯都停頓了數年。2003 年寫給陳奕迅的《歲月如歌》雖然很紅，但自此就很少人找我，直到 2008 年，為家強手中那一批家駒的滄海遺作再填詞時，我已離開珠海，移居深圳。

那幾年我一直在珠海思考未來，幻想自己住在西雅圖，因為比爾蓋茨的微軟總部在西雅圖，我去過。

這一年我與日本、香港、馬來西亞、澳大利亞的音樂朋友在構思一家利用網絡為基礎的音樂公司，希望將全世界的 indies 聯合起來。有構思後不做的，也有開始後做不起來的，反正不幹的理由很多。可能想法太超前，可能堅持還不夠，可能是不在北京做基地，沒遇上中關村的創業投資（VC）……

2005

俾面派對：正式宣佈解散

那年，他們再次舉辦巡迴演唱會「Beyond The Story Live 2005」；

那年，Beyond 宣佈正式解散；

那年，葉世榮出版專輯《葉子紅了》；

那年，董建華辭任特首；

那年，曾蔭權開始了特首生涯。

相隔兩年，他們又舉辦另一次巡迴演唱會「Beyond The Story Live 2005」，從 1 月到 10 月，橫跨幾乎一年的時間。在香港開了六場，然後是美國、加拿大、北京、哈爾濱、瀋陽、天津、長沙、鄭州、重慶、上海、武漢、杭州、昆明、新加坡。這一次的巡迴，同時是他們的告別演唱會，Beyond 宣佈正式解散。不是暫時，而是正式。

我在香港看了一場。

看那場演唱會的時候，為了幫朋友拿 Beyond 的簽名，我特地走到後台。那是一個很大的房間，三人各佔一個角落，為了拿每一

個簽名，我要走遍三個角落，一個一個走去問，那種感覺很疏離。

演唱會結束，Beyond 走進了後台，而舞台將要閉幕，有不捨得 Beyond 的歌迷不願離開，在台下一起唱著《總有愛》，「時光總飛逝未能停留／ 容許多給你愛／ 以歌聲感激知心好友／ 我願為你高歌」歌聲就這樣迴蕩在紅館的空氣中，歌迷突如其來的舉動，令 Beyond 三子再次走到舞台上，最後與一眾歌迷拍了一張大合照，那個晚上正式完結。

Beyond 有了歷史性的轉變，香港也有。特首董伯伯終於忍受不住「腳痛」而辭職。

繼任的是曾蔭權，他的洋名叫 Donald Tsang，中文可翻譯成「當奴曾」。公務員出身的他，上任的時候民望頗高，但愈做愈令人失望，幾年之後在立法會被議員揶揄他當時在民意調查的得分很低，他的回應是「民望是浮雲」。此話一出，他被轟炸得更厲害。你民望高的時候說這句話，感覺是謙虛。民望低的時候說，就是你根本不看民意，目中無人。2008 年我幫夏韶聲寫《香港香港》，裡面有句歌詞是送給他的「煲呔／ 一堆死結／ 大富翁／ 誰是偶像」。他的外號是「煲呔曾」。

香港郵政局在年底的時候，推出了「香港流行歌星」郵品系列，有黃家駒、陳百強、羅文、張國榮、梅艷芳。家駒生前說過：「你期望社會給你一些東西的時候，首先你先問你自己為社會做了什麼，我給了音樂。」美國前總統肯尼迪（John F. Kennedy）那句金句：「不要問國家可以為你做什麼，你應該要問自己可以為國家做什麼。」

第五個階段：

個人發展
時期

2006 —————— 2013

終於到了分道揚鑣的時刻，或者會有歌迷很捨不得，對於「復合」也有著某種的期盼。他們分開後，我們偶有合作，只是由從前為一支樂隊填詞變成三個歌手填詞。三子先後相繼地把發展的重心擴至內地，以世榮最為明顯。

分開之後，三個人按著自己的選擇或機會去尋找屬自己的生存之道。阿 Paul 仍然是個憤怒的搖滾中年，世榮經常談論佛家思想，家強一貫的喜怒都形於色。

踏進第五個階段，亦是他們人生揭開新的一頁，三個人分別在四十幾歲的時候成家立室，做了丈夫和爸爸。

踏進 21 世紀，四大天王已成過去，進入周杰倫、陳奕迅、五月天、《超級女聲》時代。

隨著互聯網的普及，網上侵權和非法下載導致唱片銷量持續下跌。對歌手來説，演出和廣告代言成為最重要的收入來源。對唱片公司來説，同時簽下歌手的經理人合約變得異常重要，因為需要獲得歌手的廣告代言和演出分成，如單靠唱片版權收入，必然是賠本生意。

在西方，一個創作歌手，通常會簽三份重要合同，經理人、唱片公司、詞曲版權公司。三家分屬不同公司，沒有從屬關係，以起互相制衡的作用。但在華語地區，往往這三份合同，現在都變成跟同一家公司簽，所有利益，都要在同一個系統裡分享。也許這説明了，我們華語地區的市場還不夠成熟，尤其內地的版權保護狀況還是落後別人幾十年。

2006

那年，黃貫中出版專輯《狂人習作》；

那年，黃貫中舉辦「黃貫中香港演唱會 2006 ——狂人習作之音樂篇」。

Paul 的「狂人習作」演唱會很有趣，這個演唱會是圍繞一個叫「阿博」的人。《阿博》第一次出現是在 1995 年的 Sound 專輯，十年後又有了《阿博二世》。我不知道阿博是不是借 Beyond 的好朋友劉宏博來發揮，不過人物性格卻是有幾分相似。

1999 年分開後，世榮全力回內地發展音樂事業，由深圳珠三角城市起步，遠至東北、西北。他自己説，完全放下身段，只要給他上台唱歌，不管場地大小。他這種農村包圍城市的策略，後來證明有效。

解散之後，Paul 和家強亦都開始前往這個擁有大量支持者的地方，開始耕耘這一片土壤。

我明白，他們都不想掛著 Beyond 的名義去發展，但無奈的是當主辦單位要做宣傳時，又必定強調他們 Beyond 的身份。

二十多年過去，Beyond 在內地的受歡迎程度不減反增。內地

地大物博，有一二三四五線城市、城鎮、農村。一代一代長大的年輕人，走進城市，尋找機會。四子時期所創作的歌曲，那些失落與挫折、理想與現實鬥爭的心情，還是很能讓身處高速發展社會中的年輕人產生共鳴。

社會風氣浮躁，年輕的心處處充滿矛盾與掙扎，特別需要流行文化去慰藉，音樂與電影就是最容易反映風向。

Beyond 的音樂影響了幾代人，他們還有很多 90 後的粉絲。我的微博裡喜歡給我留言的，近年看得出是年輕的居多。他們關注我，不是因為當年的大地唱片，也不是因為我幫其他大牌歌手填過詞，而是因為我是「Beyond 御用填詞人」。

崔健被問到對於香港音樂有何認識的時候，就說除了 Beyond 以外，其他的大都不熟悉。其實在很多內地的音樂人眼中，Beyond 是很 pop 而不夠 rock 的樂隊，但確實太紅。

黑豹樂隊的元老李彤也說過，他是聽歐美的搖滾樂長大，對於華語樂壇的音樂則很少接觸，但因為 Beyond 的流行程度實在太高，又曾經在 1991 年簽約同一家公司，所以一定聽過 Beyond 的音樂。

唐朝樂隊的前結他手虞洋說，他聽 Beyond 的起步點很晚，因為在這之前，他的世界沒有把 Beyond 和搖滾樂連結在一起。他知道 Beyond，是因為有次在東北演出，聽到很多樂隊翻唱 Beyond 的歌曲，覺得挺好聽，才有了第一次的接觸。再之後

對於 Beyond 有更深刻的了解，是因為他朋友音放，音放有一個獨立音樂品牌「糖衣文化」搞了個紀念 Beyond 的專輯《聽著你的歌長大──致家駒》，找來虞洋參與，叫他挑選一首自己的歌向家駒致敬。

那是一張很有意思的專輯，在 2009 年出版，封面是家駒的素描像。

就像糖衣文化的音放所說：沒有 Beyond 對我們的影響，就沒有今天糖衣文化的出現。於是在他的號召下，十二位音樂人及樂隊彙集在一起，在兩個月的時間裡，用各自的音樂形式創作了十二首作品並製作了這份禮物《聽著你的歌長大──致家駒》音樂合輯，藉此來向家駒以及 Beyond 致敬。他們用這樣實的名字告訴世界：我們是聽著 Beyond 的歌長大的！

2005 年是超女風靡內地的一年，選出了李宇春、周筆暢、張靚穎。總決賽前的成都賽區是讓我在珠海每週五必看的電視節目。成都賽區第四名馮家妹令我印象深刻，因為有一期她的自我介紹片段裡，特別提到她受哥哥影響，聽了大量的 Beyond。

在我印象中，成都專門出「超女」。超女節目也讓很多幕後音樂人走到台前做起評委來。而我在 2006 年初，也初嘗選秀評委的滋味，被常寬介紹去做「搜狗超女」的評委，地點也是成都，做了三期。

年底最後兩個月，我又被邀請到濟南參加另一個選秀《聯盟歌會》。這次比較厲害，這個節目一週五晚直播，我本來接了一週，然後再接一週，結果總共連續做了七週三十五場。這個經驗絕對訓練了我的急智與口才。

我是憤怒：樂隊復興潮

黃家強出版專輯《她他》；

黃貫中出版專輯《我在存在》（國語）；

黃貫中舉辦了「Let's Fight Live Round I&II」；

葉世榮簽約 Ever 為旗下樂隊；

黃家強簽約 Kolor 為旗下樂隊。

家強的專輯《她他》裡面有一首主打歌《夢紅樓》，很中國風，填詞是方文山，周杰倫的「御用詞人」。當時方文山很紅，那些古味盎然的歌詞，與家強搖滾的曲子，故意造成反差。

本來國語版完成後，家強找我填廣東版，但我研究了一下就推辭了，不懂得寫。第一，我沒有看過《紅樓夢》，第二，我沒有興趣了解《紅樓夢》。這算是我們唯一一次合作不成的經歷，後來他的專輯也沒有出現粵語版。

人與人很講緣分，周杰倫和方文山走在一起就有了化學作用，他們的合作產出了很多膾炙人口的作品。周杰倫就曾經講過：「我的曲如果沒有方文山的詞，不會『中』；方文山的詞如果

沒有我的曲，也不會『中』。」果然被他們說中。我也有同感，我跟家駒合作的命中率就是比較高。

說起來，過去二十多年，唱片公司出版過的 Beyond 拼盤合集精選紀念集數之不盡，但唯一沒有以出現過「輝黃組合」——以黃家駒作曲與劉卓輝作詞的作品做主題的唱片。沒有，我自己就先列一個，日後有人要出，就直接參考吧，不用問我意見。如果日後都沒有，你們自己燒一張碟。

粵語曲目：

1. 《大地》
2. 《歲月無聲》
3. 《長城》
4. 《農民》
5. 《情人》
6. 《灰色軌跡》
7. 《誰伴我闖蕩》
8. 《送給不知怎去保護環境的人（包括我）》
9. 《無淚的遺憾》
10. 《逝去日子》

（Hidden track：《為了你為了我》

國語曲目（原曲）

1. 《大地》 （《大地》）
2. 《歲月無聲》 （《歲月無聲》）

3. 《漆黑的空間》（《灰色軌跡》）
4. 《短暫的溫柔》（《未曾後悔》）
5. 《你知道我的迷惘》（《真的愛你》）
6. 《送給不懂環保的人》（《送給不懂環保的人》）
7. 《午夜怨曲》（《午夜怨曲》）
8. 《十字路口》（《誰伴我闖蕩》）
9. 《和自己的心比賽》（《飛越心魔》）
10. 《舊日的足跡》（《舊日的足跡》）

（隨碟附送黑膠唱片 黃家駒 + 劉卓輝第一次合作歌曲：《現代舞台》disco mix 1988）

非 Beyond 名義出版作品
1. 林子祥主唱《天地》
2. 黃家強主唱《無人的演奏》、*We Are The People*、《奧林匹克》

經歷過十多年的沉寂，香港的 band 壇一直徘徊在獨立的地下音樂中，在主流的位置中始終不見聲色。到了 21 世紀，樂隊的聲音又慢慢地凝聚在一起。Mr.、Kolor、RubberBand、Dear Jane 等等都是在這段時間冒起。

所謂樂隊潮流，很難以科學的方法計算，不科學的衡量標準是以大唱片公司有沒有替樂隊出唱片來計算，因為一旦出唱片，大公司肯定會大肆宣傳，讓人感覺樂隊潮流好像復蘇了，但其實樂隊一直都存在，問題是有沒有被媒體報導而已。

這幾年，Mr. 簽了環球、RubberBand 簽了金牌大風、Dear Jane 簽給華納⋯⋯三大公司各簽一支。家強與世榮也分別簽了兩個樂隊。培養樂隊不是一件容易的事，特別是當財力和資源不太充足，樂隊也沒有很快走紅的時候，矛盾就容易出現。後來 Kolor 和家強不合作、Soler 與公司打官司，經理人與樂隊之間的磨擦出現，古今中外也是習以為常的事。

在這一波的「樂隊復興潮」，我跟 Kolor 和 Mr. 合作過，兩種截然不同的經驗。

和 Kolor 合作的第一首歌，是家強找我的，作品《圍城》，借用了錢鍾書先生的大作《圍城》來借題發揮，是夏韶聲的《香港香港》續篇。Kolor 後來跟家強解約，變回獨立樂隊，自資舉行音樂會和出碟，很有當年 Beyond 的影子。Kolor 自從獨立發展後，和詞人梁柏堅合作無間，2011 年的時候，曾經推出過一首《愚公》紀念幾個逝去的人物，包括家駒：「他卑微／只想高歌／跟結他終老／怎知一日／他鄉一倒／終結宣告」

2013 年，Kolor 結他手羅斌在微博找我又再合作一首《候鳥》，他告訴我想講中國的農民工。因為他們剛去完廣西的山區探訪，見到很多老人和留守兒童。回來後他們找梁柏堅合作了《廣西山區寄來的一封信》，這首歌，寫得很好，非常感動我。

跟 Kolor 合作感覺跟 Beyond 合作時很像，我可以很放膽去寫，他們也都接受我的歌詞。雖然我們合作了兩首歌，但幾年間，我們從來沒碰過面，只能算是網友。

這樣說，源於對比跟另一個樂隊 Mr. 合作的經驗。

Mr. 出道了幾年，走紅比較快，很早就在紅館開演唱會，但我們沒機會互相認識。某天環球製作部的人李漢金（多年前他作曲我作詞，寫過 *Made In Hong Kong* 給陳奕迅）找我，問我要不要和 Mr. 聊一聊天，我就說好，當時並沒有說要寫歌。

Mr. 有自己的排練室在土瓜灣的工廠大廈裡，我們第一次見面是在茶餐廳，然後上他們的排練室繼續聊，那次的聊天挺愉快的。在這以後我們就開始了合作，第一首歌曲是《人一世物一世》，他們原本已經有歌詞，我只是再作修改。之後再合作的幾首歌，給我的 demo 也都是有詞有唱的。對於這樣的 demo，我通常只會在原有基礎上修改，不會推倒重來。包括他們的代表作之一《昨天》，歌名是我起的，希望流行程度媲美披頭四的 *Yesterday*，當然這是天方夜譚。

曾有一首，我打算大修改到我一個人寫，取名《中國香港》，但最後那邊不接受，把歌名換成了《走一走》，歌詞又給他們改回去。製作人舒文本來是想參照 U2 那些談論自由的歌曲，所以我才叫《中國香港》，其實內容並不政治化，但那邊覺得不行，太越界了。那邊是誰，我不知道。

之後我們又合作了一首《舊日理想》，一看歌名可以聯想到《舊日的足跡》和《再見理想》，由於這首歌的風格很 Beyond，所以我刻意取了這個名字。

2012 年還合作過《難忘時刻》，是官方慶祝香港回歸十五週年委約的歌，由環球群星合唱。可惜被很多網民批評這是一首「維穩」歌，我覺得很無奈。這些批評其實跟歌詞無關，我沒有作任何的奉承獻媚，有問題的是 MV 畫面，讓人感覺太主旋律了。

跟 Mr. 合作很少能夠隨心所欲地去寫，我也是不羈放縱愛自由的人，不習慣這樣的合作方式。不過，雖然寫詞合作不是很順，但我跟 Mr. 幾個人又比較投緣，經常網上互動。2014 年終於有機會讓我單獨寫詞，幫 Mr. 寫了一首大家都很滿意的歌《邊城》。這首歌詞寫在 2014 年「雨傘運動」之前，歌名原來叫《悲情城市》，後來公司希望改，之後主音 Alan 經常跟我WhatsApp 討論歌名，終於迫我想出了第七個歌名《邊城》。

這個歌名很好，所以我自己說有了「城牆三部曲」——Beyond 的《長城》、Kolor 的《圍城》和 Mr. 的《邊城》。

有緣幫上述三支我喜歡的樂隊寫詞，而又能擦出火花，也是我的福氣。

隨便一提，我還有個「歲月三部曲」——1989 年 Beyond 的《歲月無聲》、1996 年鄭伊健的《友情歲月》和 2003 年陳奕迅的《歲月如歌》。

講真，這些歌曲如果不是人所共知，什麼三部曲說出來只是不明覺厲。

2008

無人的演奏：紀念家駒十五週年

那年，舉行了一連串的紀念家駒活動：座談會、紀念展覽、紀念專輯、音樂會；

那年，家駒去世十五年；

那年，黃貫中舉辦了「Let's Fight Live Round III」；

那年，四川發生大地震；

那年，奧運會在北京舉行。

We Are The People

為何他　歌美麗似畫　手中結他　勾出信念和平

是說關於人民的東西，講述精神領袖、為和平而付出的人，道出世界大同與人民是平等的理念。裡面隱喻了一些時代的人物，包括社運領袖、John Lennon、昂山素姬。

《奧林匹克》

Go Go Go 跨過國界怨和恨

比一比廣闊氣魄胸襟

家強本來希望我寫一首勵志歌，但我卻寫了一首調皮的奧運歌。奧運其實也很政治性，美蘇兩國曾經互相杯葛對方主辦的奧運會。這一次北京奧運之前，也少不免有些國際噪音，引發了我的靈感。

《無人的演奏》
只有寒天雪地裡　你遠去我卻繼續走

一首幽怨的曲目，屬家駒那種浪子心聲、鐵漢柔情式歌曲。寫完廣東版之後，聽家強說想有個國語版，我就寫下了，但後來應該沒有錄，我自己也幾乎忘記了。國語版本，送給家駒。

《無人的演奏》（國語版）
曲：黃家駒
詞：劉卓輝

一九九三的六月
酷熱的城市背後
飄蕩熟悉的音樂
獨自在星空漫遊

多少年的回聲還不走
多少人的呼聲不回頭

乾了最後一杯酒
匆匆的停留

唱了滿懷的風流
可只有　無人的演奏
（可只有　無形的手）

超越悠悠的歲月
一把結他已足夠
行雲流水的心血
掌握在命運之手

紀念專輯《弦續——別了家駒十五載》，裡面有五首歌，都是家駒生前所錄下的 demo，未曾發表。我填了三首：《無人的演奏》、We Are The People、《奧林匹克》。

另外兩首詞由家強負責：《他的結他》、《結局》。Paul 和世榮也有參與一些歌曲錄音。

2008 年是一個紀念的年份，從年頭至年尾都充斥著家駒的聲音。

年初的時候，香港電台製作了一個紀念特輯《不死傳奇》，除了家駒，還有梅艷芳、張國榮、鄧麗君、羅文、陳百強，都是巨星。在家駒的那一集，訪問了很多他的家人和好友，我是其中一個。當時攝製二人組還特地坐船來珠海找我，攝影師竟然是我 1985 年搞《中國青年週報》的編輯之一鄭智雄，我們好久好久沒見。

春節前，北京友人桑科主辦了一場搖滾拼盤演唱會，有黑豹、Paul、世榮等，我專程到北京觀看，跟他們住同一間酒店。

5月份，家強舉辦的紀念活動也一連串開動。

最特別的是他在土瓜灣的牛棚為家駒舉辦了一個紀念展覽，裡面呈現著他們成長到組樂隊的點滴，空間不大，可是剛好，走了一個圈，就能夠大概了解這個傳奇短短三十一年的生命，是怎樣走過來的。

不知道為何當初家強會選擇牛棚作為展覽的場地，不過這個地方的確很適合呈現家駒的一生，為什麼會這樣說？先讓我講講牛棚這一個地方，這裡是一個藝術村，前身是中央屠宰牛隻的地方，所以叫做牛棚。直到2000年後，慢慢有藝術家進駐，就開始有了藝術村之名，有點像北京的798，但面積小很多。梁文道在裡面搞了一個「牛棚書院」，他做院長，在晚上講課，聽起來好像回到古代。

牛棚這個地方散發著濃厚的草根味道，感到很平民化。家駒和家強兩兄弟成長於長沙灣的蘇屋邨，是政府所建的公共屋邨。在1970至1980年代，香港社會貧富差距並沒有現在般巨大，住公屋的雖然是普通百姓，但由於房子都是新建的，而且周圍環境有規劃，在當時來說居住條件還是不錯的。這個香港其中一個屋邨，還孕育過叱咤歌壇和影壇的許氏兄弟——許冠傑和許冠文。許冠傑是香港流行曲第一位被尊稱為歌神的天皇巨星。他大哥許冠文是香港第一位喜劇大師。

我在 1970 年代也住過十年公屋——葵盛邨第十二座。1994 年有部香港電影《慈雲山十三太保》，一部關於黑道戒毒的故事想找艾敬做女主角，巫啟賢是男主角。某天我和艾敬去拍攝現場探班，和該電影監製聊聊，當天的拍攝地點就在居民已經搬走，即將拆卸的葵盛邨，讓我意外地重返舊居。最後艾敬沒有接拍，我後來卻意外地為電影寫了主題曲《只因你傷心》，巫啟賢作曲及主唱。之前張學友主唱的《只想一生跟你走》，我填詞的，就是改編自巫啟賢的國語歌。

香港公屋的出現，源於一場大火。1940 年代末，大量內地人南下的移民時期，港英政府沒有能力處置這批龐大的人口，於是寮屋這種非法搭建的臨時住所便出現，政府是睜一眼閉一眼，寮屋主要是木屋或鐵皮屋。到了 1953 年，在石硤尾的木屋區發生了一場大火，有近五萬人流離失所，為了安置這批災民，政府有了興建公屋的計劃。

如果這個紀念家駒的展覽放了在會展等高級場地，感覺會格格不入，他是一顆平民的星。

7 月的時候，謝安琪舉辦了一場「拉闊變奏廳 Live」。在這個演唱會中，謝安琪整晚都是翻唱 Beyond 的作品，是她對 Beyond 的一個致敬。因為一首《囍帖街》而成名的她，被人稱為「平民天后」，出道時唱了很多挺另類的廣東歌，都很有趣而且大膽，香港樂壇有多少人會唱講小巴司機的《亡命之途》、以菲傭為主題的《菲情歌》、以平民飯堂為內容的《我愛茶餐廳》。這些廣東歌很有意思，跟情情愛愛的 K 歌完全不

同，她的魅力除了來自於她那獨特而吸引的歌聲外，一班幕後的工作人員功不可沒。

有「樂壇長毛」之稱的周博賢是她的主要製作人，詞、曲、編可以一手包攬。她的經理人夏森美也是個一直在做另類音樂的搖滾青年，1992 年認識他時，他在香港維珍唱片工作。當時維珍的總經理是鄺敏慧，之前跟我在 BMG 是同事。後來她離開維珍，加盟我的大地唱片做市場經理，為大地出力不少。最近十年在經營她自己的公司維高文化（WOW Music），專門做香港和台灣的獨立歌手，成績不俗。

謝安琪形容自己深受 Beyond 的音樂和信念所影響，令她明白到「做音樂不是為了做明星」。

家駒對於音樂人的影響，又何止謝安琪一個。他對香港樂壇的批判，泛起過一絲漣漪，可是要撼動整個音樂工業的體制又談何容易，但精神和信念仍然可以長存。

9 月的時候，有一輯《駒歌》的音樂劇，是好戲量劇團向家駒致敬的作品，聽説每隔五年就會重演一次。近年也有部音樂劇叫《歲月無聲》，演了幾次。

這一年，最重要的盛事，是家強籌備的紀念音樂會。香港幾乎全部知名樂隊都來參加表演。我最驚喜是 Soler 和家強合唱《無淚的遺憾》。壓軸好戲是阿 Paul 和世榮的出現，三人合唱了幾首歌。這是到目前為止，他們三人最後一次同台演出。

2008 年是奧運年，首次在中國舉辦奧運會。北京奧運閉幕時預告下屆在倫敦舉行的環節，結他大師 Jimmy Page 登場演出。到 2012 年倫敦奧運的序幕，是由披頭四的 Paul McCartney 揭開。

Beyond 在 1987 年的時候參加的「名人奧運音樂會」上，唱了一首連超女都會唱的 *We Will Rock You*，此曲來自英國歌劇搖滾（opera rock）風格的皇后樂隊（Queen），Queen 還有一首代表作 *We Are The Champions* 經常在體育盛事裡聽到。

就在北京奧運舉行前的三個月，四川發生了汶川大地震，傷亡慘重。香港一如以往馬上發起籌款義演活動，劉德華把 Beyond 的《海闊天空》改寫為賑災歌曲《承諾》。

香港以外，全世界都關注這一年美國的總統選舉。因為美國人選出了一位「黑色肌膚」的總統奧巴馬。雖然奧巴馬只有一半的黑人血統，但衝擊還是有的。幾百年前還覺得不可能的事，今天有了發生的可能。想起家駒對於種族平等的看法，那些寫進了他歌詞裡面的文字：「可否不分膚色的界限，願這土地裡，不分你我高低」。

我會做好呢份工：無畏闖進大世界

那年，黃貫中和黃家強合辦「This is Rock & Roll Live in Hong Kong 2009」；

那年，葉世榮出版專輯《慈悲》；

那年，香港四大唱片公司與 TVB 鬧翻。

《三角演義》（葉世榮）
無畏闖進大世界　管他的只要驚喜

2008 年中幫世榮寫這首詞時，吳宇森的《赤壁》還沒上映。到了《赤壁》上下集都放映完了，這首《三角演義》才面世，趕不上那個三國熱。當日發歌詞給世榮時，我特別注明：如有雷同，實屬巧合。我怕他以為我在寫 Beyond 三人的關係。歌詞裡面提及劉備、關羽、張飛，因為這些名字能夠配合旋律填進詞內，我覺得挺過癮。

但世榮擔心媒體會對號入座。我不擔心，我只後悔為何叫《三角演義》而不是《三國演義》。

I 'll Get The Job Done（葉世榮）
西九到啟德　今天有無嘢急？

這份工作我做得不好。世榮希望我以「人要懂得放下」為題材。我真是不懂佛經，雖然答應他了，但我寫出來卻變成 I'll Get The Job Done。

這是經常強調自己作風務實的香港曾特首打出的親民口號的英語版，為角逐第三屆香港特首選舉時，他說：「我會做好呢份工」。

香港著名政論家李怡先生揶揄選舉只是空有其表，曾特首是百分之五百會獲勝，所以他的口號應加上一個句號更為貼切。

I will get the job. Done！（我會得到這份工作。搞定了！）

這首歌只收錄在世榮的香港版唱片裡，內地版是沒有的，聽說是怕審查不通過，避免引起麻煩。

「西九到啟德，今天有無嘢急？」香港現在的機場是 1998 年啟用的，舊機場啟德已經丟空二十多年，一直閒置，最近十年才開始發展。香港房地產能不貴嗎？市區那麼大塊土地不賣。

這年，Paul 和家強合作，舉辦了幾場他們二人的演唱會。陳奕迅和黃耀明都有參加做嘉賓，演唱《情人》。

當時世榮在內地孤軍作戰，正努力賺錢經營自己的公司和旗下兩支樂隊，很辛苦。

這一年香港的四大外資唱片公司：環球、華納、百代、索尼跟「全港獨大」的無綫電視（TVB）因為音樂版稅的事情而決裂，四大唱片（現在剩下三大）自此旗下歌手都沒有在 TVB 出現。這樣的局面卻有利於本地的唱片公司如英皇娛樂、東亞娛樂等擴張。

2009 年也是國慶六十週年，夏韶聲發行搖滾專輯《力量》，一個人包辦所有作曲編曲和樂器演奏，絕對是一人樂隊。裡面我寫詞的《大國崛起》引起了社會上議論紛紛。

2010

冷雨夜：變化比計劃還快

那年，葉世榮出版專輯《比以前更愛你》；

那年，黃貫中與黃家強分別在廣州和馬來西亞合辦「一生樂與
怒演唱會」。

這年 8 月 27 日，北京工人體育場上演了「怒放」為名的演唱會，
演出陣容是最大牌的搖滾代表，崔健、黑豹、唐朝、張楚、何
勇、鄭鈞、許巍、朴樹，加上台灣的信、香港的黃家強。這是
一次罕見的英雄大會。

竇唯沒有參與，可以理解。但我不明白的，是中國搖滾沒有女
性參與，非常傷感。

同期，我也在北京參加一個「789 藝文節」的活動，有個「筍
嘢香港文化專場」，找來幾位 Beyond 粉絲的樂隊成員結他
手虞洋、音放和我座談，題目是「從 Beyond 到現在」，談
Beyond、談中國搖滾樂壇、談大地唱片、談中國的版權狀況，
在五道營的一家冷飲店。

主持人王碩問我，Beyond 的作品裡面，我最喜歡哪一首。這
條問題，每年都有人問我，我每年都會有不同的答案。1997 年，
我答《歲月無聲》；之後覺得《長城》寫得比較好，我現在會

説《歲月如歌》，因為比較近期，不會顯得我那麼老炮。

這次算是開啟我出席座談會的先河。從此以後，我不但要寫，還學會了會講。

這年，我也簽了第一次出書合同。內容是我之前幾年在新浪博客的文章結集成書。

出書，在我人生規劃裡，是從來沒有考慮的事。因為我沒有夢想成為作家，我還是喜歡寫流行歌曲。其實我的人生也沒什麼規劃，想做結他手，後來做了作詞人，經常事與願違。年紀愈大，愈認同侯德健在《三十以後才明白》的歌詞「變化比計劃還快」。

沒想成為作家的原因，是我早年就是搞雜誌寫文章的。後來寫歌詞發現每個字的商業價值大過寫文章很多。但偏偏在 2000 年，音樂人許願在香港報章有個每週專欄，他一個人應付不了，找我輪流寫，這樣我寫了幾十篇。之後網上流行寫 blog，沒有人給我稿費，我還是有段日子很勤奮，每天隨意寫五百字。就是這樣，累積了幾年的新浪博客，某天一位圖書策劃人賈佳私信跟我談出書的事，便促成了我第一本書《卓越光輝》。

世事往往就是這樣無心插柳柳成蔭。買了《卓越光輝》的讀者，還不少批評我說寫 Beyond 很少，寫家駒的只有一篇。

我那時候還是很抗拒簽名售書這種活動，出版社沒我辦法，最

後達成只做北京一場分享會，請來 DJ 張有待主持、作家秋微做嘉賓。中途，住在附近的陳冠中出現在觀眾席，我馬上拉他上來一起聊。

有了第一次，2013 年策劃人賈佳加入作家饒雪漫開的圖書公司，又問我有沒有書可出版。這次把我 1980 年代起我寫過的文字，加上之後所有未收錄成書的，又結集為第二本書《輝常傷感》。這次，多寫了幾篇跟 Beyond 有關的文章，滿足讀者的要求。這本書的封面打了一句「獻給黃家駒」，這真不是我的意思。出版公司為了賣書，有時真的沒有底線，我感到無能為力的抗拒。

這次為了幫出版社賣書，也幫我自己鍛煉演說能力，前前後後配合書商做了三十場大學講座分享會。我也幾個月內走了北京、哈爾濱、天津、武漢、西安、重慶、廣州、中山。走完後，發現中國太大，高校太多，走不完的。但我喜歡這種跟年輕學生交流的機會，我當作是我的巡演演說會。

而手上這本《歲月無聲——Beyond 正傳 3.0 Plus》，我也期望巡迴到更多沒去過的地方，和學生、歌迷接觸。對於簽名售書這件事，我還是不適應，我覺得現場簽名很難為情，也往往安排不好，場面很亂。不過，我已經有點入鄉隨俗，沒有脾氣。

做了三十多場分享會和講座，我從來都不會準備講稿，都是現場即興發言。雖然有很多問題是重複的，但每次我也會用不同方式來說，這樣起碼讓我自己不會厭倦。

2011

年少無知：如果命運能選擇

那年，黃貫中出版專輯《A 小調協奏曲》；

那年，黃貫中舉辦了「黃貫中 × The Postman Deliver Live in Hong Kong 2011」；

那年，TVB 劇集《天與地》熱爆香港，被指劇情影射 Beyond。

Don't Wake Me Up（黃貫中）
現在　我的眼睛已經累了　睜不開
不希望　你就不會再絕望　再等待

英文是 Paul 寫的，只有兩句，中文都是我寫的，有四句。

《我明白我不明白》（黃貫中）
我聽不清門外的是與非　像人海的潮水
我分不清現在還累不累　像堅固的堡壘

好像很多年沒幫 Paul 寫詞了，一找我，卻是寫國語詞。我本來起名《為非作歹》，覺得想了個很棒的歌名，結果 Paul 不要，我也搞不明白。

2011 年底，TVB 播放一部叫《天與地》的電視劇，被說是影射

Beyond，還找了 Paul 寫主題曲《天與地》和片尾曲《年少無知》。

故事説四個一起組樂團的年輕人，在一次登雪山中，由於環境的險惡，身為主音的那位被其餘三人吃了。回到現實生活後，各人心中都懷著一根難以磨滅的刺。四人在夾 band 的時期唱了很多 Beyond 的歌曲，於是引來觀眾聯想。

但《天與地》的難得，是它拋開一貫肥皂劇的套路，把人生與搖滾音樂結合在一起，變成一部搖滾電視劇。當時內地也很多網民追看，但結尾因為牽涉敏感內容，內地看不到大結局。

這套劇有過很多傳頌一時的對白，例如：「this city is dying」、「獨立的精神、抗拒建制、自由、愛、勇往直前，其實何止是 rock & roll，我們做人不是本來就應該是這樣的嗎？」、「Rock & roll 的精神，就是獨立的精神。我們每一個人都是自己的主人，我們每一個人都有權主宰自己的路來走！雖然今晚這個表演可能是非法進行，但我們不會就此屈服。Rock and roll never die！Rock and roll never die！Rock and roll never die！」

固然，這種搖滾不死的口號有點説教，但出現在 TVB 的電視劇裡，面對的是家庭觀眾，又頗為新鮮。夏韶聲經常説他不喜歡講「搖滾不死」，因為搖滾一直是世界的主流音樂，何來要死呢。我覺得説得很對。

「Rock and roll can never die」這句歌詞唱得最為人熟知的，是來自 Neil Young 的歌 *My My, Hey Hey*。

林若寧填詞的《年少無知》唱到街知巷聞，「如果命運能選擇……」勾起了很多中年人的傷感。我也想了很多如果，如果當初沒有《結他雜誌》的比賽，會不會有 Beyond ？如果當初 Beyond 沒有去日本發展，家駒如今會怎樣？如果家駒仍然在生，Beyond 會不會沒有解散？雖然他曾經說過 Beyond 會彈到死去那日。

太多的如果……

歷史是沒有如果的。也因為這樣《年少無知》才更觸碰到人們心中那個不能言說的過去，我們不滿意很多的現狀，但是，如果……命運能選擇，你又會否作出同樣的決定呢？

這一年，內地製作了一部電影《歲月無聲》。用上 Beyond 的歌名，說的是一段關於青春和搖滾的故事，故事從 1980 年代末展開，那個中國搖滾才剛誕生的時空。電影的尾聲，男主角帶女兒去看一場名為「光輝歲月」的演唱會。電影女主角是新人馬思純，後來在 2016 年得了金馬獎影后。

「光輝歲月」是一場真的演唱會，只有黑豹樂隊、唐朝樂隊、黃家強三組樂隊演出。三組人都屬搖滾樂壇集體回憶的一部分。現場數萬觀眾成為了電影的群眾演員，也好像有半秒的鏡頭拍到我，因為我也在現場。

2012

舊日的足跡 ：葉世榮榮光十年

那年，葉世榮出版專輯《榮光十年》；

那年，黃貫中舉辦了「Paul Wong Rockestra 演唱會」；

那年，香港特首換成梁振英。

世榮出版《榮光十年》，記載他在個人發展以後打拼的十年，從獨立發展再簽約北京的經紀公司。經過了十年的磨練，今天的世榮已經是個百分之一百的歌手，而且還不時唱 heavy metal 歌呢。想當初他們作個人發展的時候，我最擔心的是世榮。他在 Beyond 時期，多參與作詞，少作曲，也少唱歌。做鼓手的，通常比較低調。

他不是錄音型的職業鼓手，這麼一來，作為鼓手謀生這條路便不太可行，於是他轉型去當歌手。早期為了爭取更多的演出機會，也為了鍛煉自己，他會去深圳的酒吧表演。

2002 年的時候，我在珠海居住，珠海有間酒吧請了世榮去表演，我也是剛巧經過那家酒吧看到海報才知道。當晚特地去觀賞，當時就想：為何他會到酒吧唱歌？ Beyond 作為一個這麼知名的樂隊，鼓手卻走來這麼小的酒吧表演，感覺與他身份很不相符。

作為朋友，看到他那段時間為了發展事業而作出的努力，都會替他感到辛苦。那種酒吧不可能付高酬給他，酬勞與身價不成正比，但他願意屈身。從他個人發展到現在已經十多年，現在世榮已是檔期滿滿的歌手，得到非常多的工作機會。在那個年頭他看到了內地市場，然後進軍，我覺得他是有眼光的。

《榮光十年》的封面除了世榮，還有 Ever 樂隊。Ever 是由世榮一手提攜。近年世榮演出還有一員老拍檔，Beyond 在新藝寶時期的唱片監製 Gordon Yang 做結他手。

想起十年前和他合作的《老細》，歌詞對象是第一任香港特首董伯伯。喜歡稱董建華為「老細」的曾蔭權，幸運地做了第二任特首，我也通過夏韶聲送了一首《香港香港》給他。然後第三位特首是梁振英，在 2012 年 7 月上任，Mr. 唱的《邊城》就是描寫他任內香港的社會狀況。

這年 4 月，台灣製作人李壽全跟張懸要去吉隆坡錄音，叫上我一起去。原來，張懸的新歌在台灣一直找不到合適的鼓手灌錄滿意的版本。他們在吉隆坡，找了個馬來人 John，只是錄打鼓這部分，最後他們都非常滿意，在張懸的專輯《神的遊戲》可以聽到。

李壽全很早就常去新加坡、馬來西亞錄音，他覺得那邊成本低，技術卻很好。

7 月，Paul 在紅館舉行兩場與交響樂團合作的演唱會，名為

「Rockestra」。同樣搖滾加古典的演唱會，崔健在 2010 年 12 月 31 日至 1 月 1 日在北京搞過兩場，我當時任職於協辦單位之一，還拼命的給這個演唱會拉贊助。

2013

海闊天空：無聲光陰歲月永無盡頭

那年，Beyond 成立三十年；

那年，家駒去世二十年；

那年，黃家強創作了單曲《好好》；

那年，葉世榮創作了單曲《薪火相傳》；

那年，葉世榮舉辦了「薪火相傳演唱會」。

2013 年家駒去世二十年之際，《三聯生活週刊》用了家駒做封面，做了一個專題，試圖去了解為什麼這麼多年之後的今天，Beyond 風靡的程度仍然不減。報社更派出記者到香港採訪了幾個人，包括我。

有一篇出自資深樂評人王小峰的文章，引來了很大的爭議。題為〈Beyond：撒了一點人文佐料的心靈雞湯〉。作者用一個文化研究的角度去探討 Beyond 火紅程度不減的現象，只是因為符合了大眾的口味。我認為他只是以幾首人所共知的歌曲去概括 Beyond 的音樂，而忽略了他們在漫長的音樂路上，還有大量其他歌曲所傳遞的精神與態度。這正是很多華語流行音樂只有娛樂而欠缺「人文」的部分。

後來王小峰遇到我，説那篇文章是綜合了幾位朋友的意見而寫成的，不是他個人意見。

2013 年初，Paul 參加湖南衛視製作的《我是歌手》。

「這位歌手，跟其他人不太一樣，我們好像印象中他並不一定是個歌手，但他卻是華語音樂史上最棒的、殿堂級的、大師級的搖滾樂隊的結他手。他不僅是我心目中的結他英雄，他的歌聲也非常棒，也許從今天開始，所有人都要在他的名字前面再加兩個字：歌手。」主持人胡海泉以這段説話介紹他出場。

第一場他唱《海闊天空》，聽得所有人淚流滿面。第二場，節目要求參賽歌手翻唱別人的歌，他竟然選了歌神張學友的情歌《吻別》。明明是流行的抒情情歌，他偏要挑戰改編成為搖滾情歌。我一聽他唱《吻別》，就覺得大件事。唱完《吻別》，他又唱了《我終於失去了你》和《特別的愛給特別的你》，全都是 pop 到不能再 pop 的情歌。也許台下或電視機前的觀眾會覺得無所謂，但我聽他唱這種歌不太舒服。

我真的不明白為什麼阿 Paul 要唱這些歌，之後無意中看到一張相片，攝於 1991 年。那張照片裡面站著崔健、家駒、伍思凱、張學友，兩岸三地的人馬到齊，是一場名為「海峽兩岸搖滾音樂之未來」的座談會。至於為什麼搖滾音樂的討論會找來張學友，那要去問主辦單位香港電台了。看到這張照片之後我發了一條微博：「我終於明白 Paul 叔為何唱《吻別》和《特別的愛給特別的你》。照片裡有學友和伍思凱。還有唱《我終於失

去了你》，是因趙傳也唱過《大地》。解碼成功。」Paul 叔微博回我一句「輝哥厲害！」。

《我是歌手》很受歡迎，連香港和台灣都有不少觀眾。音樂總監是梁翹柏，Beyond 的老朋友。他做完王菲的巡迴演唱會音樂總監後，2010 年才定居北京發展。幾年之間，事業非常輝煌。我第二本書《輝常傷感》在北京中關村圖書公司的發佈會，他很給面子的做嘉賓發言。而世榮也出席了我在北京大學的新書座談會。我真的感謝這兩位老朋友。

2014 年鄧紫棋參加《我是歌手》後一鳴驚人，其中一期演繹《喜歡你》，反應超好，民間出現好多不同的翻唱版本，連藏語版都有。

第一季《我是歌手》的冠軍是組合羽泉，總決賽他們唱的是《大地》國語版。

同年謝安琪在《中國音超》唱了《情人》。很多電視音樂比賽節目都有人唱《情人》，包括古巨基在《我是歌手》。

這幾年，的確在電視上經常聽到歌手翻唱 Beyond 的歌，多是唱粵語。這很大程度上代表，Beyond 流行的歌，都是粵語版，而在內地流行至今的粵語歌裡，Beyond 佔了很大的比例。

在「大國崛起」的今天，粵語歌作為一種流行文化，對於內地甚至華語世界的影響已經愈來愈少。香港歌手想進入內地市

場，也必須改唱國語歌。

3月的時候，周啟生找我，要寫一首國語歌，他和世榮合唱。我寫了《愛情的歌》給這兩個都是五十歲的大男人。周啟生曾經為 Beyond 的歌曲彈鍵盤，包括《歲月無聲》。周啟生是個出道很早的作曲家、編曲家和歌手。

到了年中，家強和世榮分別推出了紀念家駒的歌曲。

5月底，香港電台辦了一場紀念家駒的座談會，我和家強，還有 RubberBand 的主唱 6 號出席。6 月，家強在北京麻雀瓦舍 live house 有一場歌迷活動，我受邀參加，並在活動結束前和家強合唱《真的愛你》，獻出我人生第一次公開演唱。

而世榮的歌曲《薪火相傳》，顧名思義，是希望承傳搖滾的信念和精神，他找來六支獨立樂隊參與 MV 的拍攝，非常熱鬧。世榮身體力行，在單飛了這麼多年不斷嘗試培養下一代的樂隊接班人。

至於家強的《好好》，他在一篇專訪談到這首歌的創作動機：「寫《好好》這首歌，就是要告訴家駒，我過得很好，從前他一直都覺得我很天真、不懂得保護自己，令他很擔心，所以我直覺上，第一句要對他說的話就是說我現在好好，歌也就從這句開始，順著寫落去，目的就是讓他放心而已……當年寫了《祝您愉快》來紀念家駒，心情是不捨和傷心，現在則想藉這歌鼓勵大家，雖然生活上會有些挫折，或是難過的事，但也要正面

去面對，因為要家駒開心，先要好好活下去，希望歌迷都可以這樣正面去想這事。」

弟弟懷念哥哥，又一度演變為一場口水戰，詳情不多說了。作為一個認識 Beyond 多年的朋友，並不贊成他們把矛盾公開化，特別是現在社交媒體通行的年代，人人都可以發表意見，事情就愈說愈亂。世間上總會有些人喜歡看到他們吵架，在網上煽風點火。

Beyond 在成立三十年之際沒有重聚演出，是有點遺憾。

Beyond 有沒有同台的一天？我不肯定，但我覺得會有。我作詞的三首歌，好像也很能形容這樣的心情：《歲月如歌》、《友情歲月》、《歲月無聲》。

即使分散在每個角落，Beyond 這個名字仍然會長存在大家的心中。

我在 2013 年給吳浩康為主唱的樂隊 Closer 寫了一首《繼續戰鬥》，以此作結。他們也是 Beyond 粉絲。

《繼續戰鬥》（Closer）

作詞：劉卓輝、Johnny Choi@Closer

作曲：Ryan Lam@Closer

編曲：Closer

監製：Closer

煩惱佔領夢裡　進退都失據

而你教我面對　縱使艱辛也跨過

誰說這抉擇錯　時間將枉過

凡事永無絕對　明日譜寫出花火

難得知己繼續奮鬥　無聲光陰歲月永無盡頭

不必擔心只因當天我　在你軌跡裡度過

從沒有再見我心中的理想

不必解釋只因今天我　學會堅守的更多

誰伴我去遠方一起去闖　聽海闊天空播

矛盾佔領路裡　道理可很多

而你確切做到　自信規則可衝破

難得知己繼續戰鬥　無聲光陰歲月永無盡頭

不必擔心只因當天我　在你軌跡裡度過

從沒有再見我心中的理想

不必解釋只因今天我　學會堅守的更多

誰伴我去遠方一起去闖　我想你可跟我

後記

一晃眼就是三十年，我和 Beyond 都從二十幾歲的小伙子變成了中年人，果然是歲月無聲，其實聽搖滾長大的我們年年都只有二十五歲。

寫這本書的目的，是想嘗試把一個時代記錄下來，一個屬我個人回憶裡的時代。Beyond 的三十年，他們固然變了很多，香港樂壇變了很多，就連香港社會的面貌，也變了很多。

一路寫一路回想起這幾十年發生的點滴，就好像我寫給 Mr. 的《昨天》，也是披頭四的 Yesterday，有點感觸。

這是我透過個人回憶去整理的逸事，不能視作一本「正史」去閱讀。

我想會買這本書的讀者或歌迷，其實對於 Beyond 都已經很熟悉，所以我就沒有打算正正經經地去撰寫一本「正史」，如果真的這麼做，我也會覺得沉悶。但是希望讀者在了解 Beyond 之餘，亦對於圍繞著他們三十年的環境是怎樣的一回事，有多一些的了解。

這不是一本能滿足歌迷獵奇心態的書，所以也不是一本「野史」。

我希望平實地記錄我們這個時代值得書寫的人，不用把

Beyond 神化。神化往往只是由於距離和時空的遙不可及而產生。三十年了，作為朋友，雖然我們現在已經很少碰面，也希望看到三子在音樂的事業上繼續發展，不管唱新歌還是舊歌，也無所謂。

香港，這個地圖上小小的一點，一個極度商業化的城市，曾經有過一支樂隊 Beyond，影響力遍及所有華人社會，這是值得自豪的地方。不過，看得出，Beyond 三子早就不迷戀過去創造的光輝歲月，而是實實在在地往前走，繼續自己的音樂人生。

附錄一：Beyond 1988 年北京日記

1988 年 10 月 13 日　香港・廣州

我喜歡北京，在北京的街頭，也覺得天地特別廣闊。Beyond 經理人陳健添叫我陪他們到北京演出，我也樂於隨行。

我們一行八個男人，帶著多箱巨大行李樂器，由香港坐火車到廣州。在廣州海關，經過多番等待和解釋樂器用途後，終於出閘。像我們這些到北京做正經事的香港人，攜帶那麼多東西，理應從香港直飛北京的。如今，只因主辦單位說沒有外匯買直航機票，故只能答允從廣州飛北京。正因這樣，我也有緣在海關碰到回國的斯琴高娃。

到達廣州已是下午四點多了。從北京專程來接待的兩位女孩子，早已準備小貨車接送。其中一位楊小姐此時告訴我們一個頗壞的消息：「明天的機票是飛天津的，然後坐大概兩小時車程到北京。從廣州到北京的機票很緊張，我們一個月前已開始訂了，最後還是買不到。」

我心想，廣州到天津的機票是兩百多人民幣，到北京是五百多，這是理所當然的策略。既然事到如今，一切只能隨遇而安。飯店不是白天鵝，不是中國大酒店，也不是花園、東方，而是級別介乎於招待所與賓館之間的廣東 XX 大廈。這種叫大廈的飯店，一般要定時才有熱水供應，出入有時間規定，進房間要叫服務員開門，這裡一一都具備了。大家都感到意外的，想不到電梯也明文寫著要在午夜一時之前使用。原本都是夜貓子的我

們，都謹記著這一條例，否則要爬十六層樓梯。

晚上九時半，到達珠江電台接受直播訪問。珠江電台是廣州成功的電台，掠去不少香港商業電台的聽眾，皆因他們用了一套接近我們的廣播模式，顯得生動隨和、活潑開放。電台主持人馬國華說，他們訪問過不少到過廣州的歌手，最近有達明一派和夢劇院。還說夢劇院經他們的宣傳，盒帶銷量賣到近四十萬盒。

訪問完畢已經是十一時半了。連宵夜也沒吃，匆匆返大廈睡覺去。第二天要七時半起床，坐十點多的飛機去天津。這一天過去了，大家還不至於太不適應這個陌生的國度。

1988 年 10 月 14 日　廣州・天津・北京

服務員沒有用電話叫醒我們，卻願意逐一去敲四間房門，直至見到一張張很不願意的面孔開門為止。吃過早餐，經過勞動，我們開始空中長征。我們當中不知哪幾個一直在嘰咕嘮叨，說害怕乘坐民航，害怕搭螺旋槳飛機。我說放心吧！雖然搭CAAC 的命中率比較高，不過廣州到天津是長程，飛機不會太差的。

在意料中的狹窄機艙擠了兩個多小時，飛機抵達天津。天氣異常可人，陽光充滿大地，微寒，卻是我們難見的清爽瀟灑。我也是首次到天津，意外的是這個大城市竟沒有處理行李的設備，比廣州的行李領取處更糟。我們在閘前擾攘一番，才拿到東西。推出外面停車場，搬上等待我們的中型貨車上。之前他

們說有兩部車，一部放行李，另一部載人，為什麼現在又只見一部車呢？連兩位小姐姐都在發小姐脾氣了。

這時候，已經中午時分，午飯怎樣解決啊！可惜我們去機場大堂的廁所時，發現裡面好像沒有餐廳。他們說沿路也很難找到地方吃飯，這裡不像南方，勸我們忍耐一點。忍耐！沒問題，反正又不是很餓，況且你們也一樣沒得吃。

車子沿著寬敞的公路直駛，兩旁景物由始至終像是一樣的，只有小房與農田，騾車與汽車。車內有北京人和香港人，普通話和廣東話，分成兩個世界，偶然搭訕幾句，像是樂也融融。其實，事情已在惡化中了，因為他們寫了一份日程表給我們看：今天晚上到場館視察、明天八時開始彩排、晚上演出、後天演出、第四天遊覽北京、第五天……第五天竟然這樣寫著：「坐車到天津機場，返回廣州。」

途中沒有堵車，見到入北京的路牌時已經駛了兩個多小時。北京實在大，單是市區已很大，現在從市郊進入城中，竟然又費了一個小時，到達長安街西面的燕京飯店已是五時半了。

搬進飯店後，第一件事是填塞九個小時空著的肚子。我和陳健添跟楊小姐說希望他們儘快叫演唱會的負責人劉小姐來見面，因為 Beyond 四個哥兒們鬧著罷演！楊說劉小姐現在不知跑到哪兒去，家裡又沒電話，恐怕今晚聯繫不上。我們便說那只能待機票弄清楚才開始工作，今晚也不會到場館視察了。

她們走後，我們叫了兩輛的士到最近的前門全聚德吃烤鴨去。國內的士上月剛加價，廣州起表是三元六毫，而北京竟是六元。我是較為內行的，下車前已想好怎樣拒絕付外匯的方法。

不出所料，司機説要收外匯，我佯稱我們是廣州人，哪有外匯。這個司機算是很老實的了，一副無奈的表情收下我八元人民幣。另一輛車當然是付外匯了，等於多付了八元港幣的車資。

進入全聚德的餐廳，玻璃門上寫著：這裡以外匯券結賬。當時各人都餓得發慌，根本就不想有沒有外匯的問題。北京的服務員依舊那麼神氣，我們只是分開三次叫了幾瓶汽水啤酒，也要給她們嘮叨幾句。吃飯中途，竟看見美艷動人的鞏俐進來，坐於離我們不遠的一桌進食。因為鞏俐，我頓時也忘了吃菜。待大家大快朵頤後，又要面臨如何逃脱不付外匯的方法。

商量的時候，見到另一張桌子的外國人正在付賬，手上拿著人民幣在和服務員商討中，後來外國人又走到櫃檯跟收錢的商討。我連忙上前窺探，目擊外國人也是付人民幣的。「外國人也是付人民幣，我們為什麼付外匯？」我們義正詞嚴地説。「他有免付外匯證明。」

服務員知道我們在狡辯。我們推王紀華過去問那位外國人是什麼回事，答案是他也沒有什麼免付外匯證明。雙方爭持不下，這位女服務員叫我到櫃檯算賬，我又是同樣跟她理論一番。她説玻璃門上寫著只收外匯的，我們當中有人插嘴説：「這些簡體字我們看不懂。」其實我們身上的外匯確實不夠付一百四十

元的賬單。

在廣州時，我在東方賓館門外用黑市價九五折換了一千元，所以這時怎樣也只願付人民幣。最後，她抵不住我們七嘴八舌的假普通話，提出付人民幣要加收百分之三十。此時，我當然有點沾沾自喜，能省掉相當於一百元的港幣。我其實也不明白這樣做對不對，歸根究底究竟是誰的錯？走出全聚德，外面冷了很多。我說不如坐地鐵回去吧！

走進前門站的入口，剛見到燈光熄滅，有幾個人正在拉上鐵閘。我問：「地下鐵是不是關了？」其中一個人帶點微笑答：「關了。」這時候是八點多，難道北京夜生活真那麼早打烊。我們一邊走，一邊奇怪之際，經過相距不到二十米的另一個出口，燈火通明，還有行人走下去。此時知道又被愚弄了。

這裡票價太便宜了，不論遠近，都是那三毛錢一個人。雖然跟香港上下班時間一樣擠得人透不過氣，不過一伙人，有說有笑，新鮮感特別多，例如車內燈光忽明忽暗，有種探險的感受。下車前，為求保險，問了一些人燕京飯店是不是在復興門站下去，有些人說不清楚，最後那個人說是的。於是我們便在復興門以力挽狂瀾的姿態下車。還未離開站台，便聽見有人上車時被車門夾著手肘，人卻在車裡。站台上女服務員連忙從另一邊趕過來，但卻不是拯救這個男人，而是站在門外罵他不應冒險上車，奇怪的是竟無人幫忙拉開車門讓他把手縮回去。家強和貫中出奇地不幸災樂禍，反而出手相助。此時另一個上不了車的男人，欲想趁車門拉開之際，側身而進。走上地面，對面是廣電部，

這裡到燕京，還要走二十分鐘左右！

八個人浩蕩的在長安街上散步，欣賞一下北京夜色，享受一下北京的秋天，每人拿著兩隻香蕉一邊走，一邊品嚐，也著實逍遙暢快。明天的演出如何解決，大家也懶得憂心，反正緊張的不是我們。

返回飯店不久，各方好友已經齊集，包括那位可能找不到的負責人和幾位同事。他們說廣州到天津不是為了省錢，而是很多很多我聽後也搞不懂的理由。我們說來的問題已經過去，我們也不再計較，現在問題是你們怎樣安排我們回去？我們表明立場後，他們就說已經訂了從北京飛往廣州的機票，而且是他們單位的副經理辦的，今天晚上就是來取我們的證件，明天由副經理親自去買機票。

因為我們知道證件的重要性，所以我們堅持派一個人明早跟著去。可是，他們總說這樣不方便。最後，我們便提出第二個方法，就是他們付我們人民幣的飛機票錢，然後，我們自己買直航香港的飛機票。建議一說，他們毫不猶豫便答應了。其實這樣做，每張飛機票我們還要多補八百元港幣。

1988 年 10 月 15 日　北京
第二天是星期六，恐怕下午休息，我和陳健添八點便起床，睡眼惺忪地跑到東面的建國飯店的國泰訂票處。不過，這裡只給我們訂票單，機票卻要回到頗遠的中國民航售票處拿取。但是，更煩的是中國民航不收 AE 信用卡。我自己因為一定要去廣州，

所以這時一共要買七張機票，每張一千五百元港幣，七張就是一萬零五百。我們兩個人的現金加起來，幸好還夠。如果多買一張我的，那已經不夠。在建國飯店兌換外匯券時，碰到在北京搞音響的鄭先生，他當時有車在外面，所以便順道載我們到在故宮後門附近的那個民航售票處去。

售票處裡面，擠了好多人。 不過這一邊是買國際航班的，比起那邊國內線的人山人海，還是好的多。鄭先生很熱心地幫我們擠到其中一個職員面前，遞給她發票單，誰知道她一看便說：「我哪有時間幫妳開七張票，還有很多人等著哩！」說完就把單還給鄭先生。 我想，鄭先生已見怪不怪了，完全沒跟她吵，便領我們到另一邊去排隊。最後付了錢，取了票，又發現其中兩張的英文名字縮寫寫錯了，職員說這裡不能改，叫我們回國泰看看。幸好鄭先生有空也有車，於是又送我們回建國去。終於折騰到中午，直飛香港的機票總算圓滿解決，只剩下我一張飛廣州的未有著落。實在太好的鄭先生此時告訴我，他在機場有熟人，我拿著他寫的信去找那個人，到時便肯定上得了飛機。為了省錢，我問鄭先生可否開給我一個工作證，到時付人民幣，他也爽快地答應。這樣我也沒有再擔心只剩下我一個滯留北京的問題了。

我們吃過午飯，一起到首都體育館看彩排。經過體育館門口的售票處旁邊，貼了一張手畫的大海報，除了 Beyond 五個人頭外，寫著：香港超越樂隊演唱會。進入場館，見到他們站在台上調音，各忙各的。本來打算為這一場晚會做音響控制的王紀華，此時在埋怨說主辦方不讓他一個人做，一定要跟他們的控

制員一起工作。

我們當然明白他不滿的道理，這時已三點了，音響還未妥當。之前已因為家駒說那個控制員的結他擴音機有毛病，對方一個技術員就說是家駒弄壞的，還叫他賠償而吵過一陣，如今又說四點鐘場館停電，不論什麼人都要離開場館，直到六點鐘。但是晚上七點十五分便開場，一首歌也沒試過，擴音機又諸多問題，氣的做事認真的家駒真的發脾氣了。當所有人離開場館，準備返燕京休息時，才發現只欠家駒一人。但是車已等了好久，怎麼辦呢？「隨和」的我們還笑說家駒太固執了，勸他也沒用，決定放棄他了，打算回去幫他拿今晚演出的服飾來。誰知道我們回到飯店半個小時，家駒也得意洋洋地進門，說起剛才的事情。「他們勸我先回來，說會想辦法找另一台擴音機替換。我就說既然你們答應有的話，我就在這裡等，直到看見為止。很快，他們還找來兩台哩，一台是做後備的。這些人就是要跟他們硬碰才行。」家駒大發議論，也幸虧家駒脾氣夠硬，否則演出不知會怎麼樣！

原來，他們六人中午到場館來，崔健也伙同一幫人來了，跟Beyond 認識及吃過飯後，因為要趕到長城演出，所以走了。家駒說崔健也挺友善的，但覺得他不太喜歡問問題。這晚，我自己有事要做，沒有去看，竟然發現我那部沒有收音機的Walkman 收聽到內地的電台廣播，這是在哪裡也從沒有發生過的事。

到十一點，他們深夜回來，知道全場一萬八千座位全滿，不過

到中途卻陸續跑了一半，反應還不錯。原來他們只彩排了三首歌便正式演出。開檢討會議時，除了將節目做一些增刪調動外，不知哪個說整個過程只是唱歌可能太悶，不如叫劉卓輝上台跟女司儀開開玩笑，說說笑話作為調劑吧！在盛情難卻的情況下，我只能充當廖化。女司儀袁心是中央電視台英語新聞報告員，才二十四歲，英語很棒，長的不錯，也挺時髦的，只是常說英語，使人不太習慣。家駒約了她第二天吃午飯，我便趁此機會跟她準備一下明天的講稿。

1988 年 10 月 16 日　北京

第二晚的演出很快又到了。我們抵達後台時，有一個朋友阿東在述說昨午清場時，丟了一個放有相機及文件的塑料袋，後來到保安部報失，保安人員說他們撿獲了，但有一個青年來到說是他遺失的，還清楚說出裡面的東西，故此便被他領走了。

說的時候，阿東猛然想起就是那個曾跟我閒聊的青年。那是我不認識的一個人，在台下看彩排時忽然走過來跟我搭訕，問一些關於 Beyond 的問題，我見他頗有禮貌，樣子很耿直便跟他閒聊起來。他其中一個問題是，為什麼 Beyond 沒有一個彈鍵盤的，我說這是風格問題，他對此仍然很奇怪。因為北京的演奏樂隊，缺了鍵盤是不行的。他們沒有鍵盤襯底，整個音樂就會空洞了。這種情況當然跟技術有關。最後他還給了我地址。想不到，我遇上了一個笨賊，因為地址確是他住的地方。

之後，我跟主持人袁心到化粧室對稿。說是化粧室，這裡除了一台電視機，一張大會議桌及很多凳子外，就只有一面不大不

小的鏡子。首都體育館原是體育館，但現在有很多演唱會都在這裡舉行，當時號稱全國最大的演出場館。

時鐘正指著七時十五分，後台人員不停地催著，其中一個男人竟對 Beyond 說：「有什麼事發生由你們負責。」語氣的嚴重，態度的惡劣，真令人反感。其實那不過遲了五六分鐘罷了。上半場，Beyond 唱的是首本名曲，但對北京觀眾，卻全是陌生的，而且還是廣東話，反應當然不用多說，到中場時真的跑了一半。

當貫中唱出國語版的《大地》時，才掀起第一個高潮。證明他們若多唱一些國語歌，那一半觀眾是不會跑了那麼多的。在《大地》的中段，樂隊加插了四人各自的獨奏部分，觀眾情緒非常高漲，尤其是世榮的鼓擊獨奏，顯然是最受歡迎的一環。

我此時坐在台下靠近觀眾席旁，突然有一年約十七、八歲的女孩子遞給我一字條，我一看，是幾首有點陌生的歌曲，她讓我叫他們唱。我說這不是他們的歌，他們不會唱的，女孩說：「怎會不是他們的歌，（指著字條裡的「無名的歌」）這是他們寫給彭健新的。」我才恍然大悟，她竟然連彭健新也知道。可惜，Beyond 沒有選唱這首歌，不過，換來的就是全晚最使觀眾雀躍的《一無所有》。家駒的普通話雖不是很好，但那份味道卻不比崔健遜色。最寶貴的是家駒有個人的演繹方法，不是在學崔健唱。這是我聽過數十個重唱版本中最好的一個。跟著就是我跟袁心上台做「騷」的時候了。可惜我未及發揮最精彩的講稿時，就有人鬧哄起來。袁心聽到馬上早早收場。其實我也不

曉得是不是喝我們的倒彩。這五分鐘面對幾千觀眾的場面，我還是第一次經歷呢！

最後，他們以一首國語版的《舊日的足跡》結束了兩個小時的演出。但是觀眾並未立即散去，如果場館允許以及樂隊有準備的話，應該是可以 encore 的。樂隊進入後台後，想不到的是台前工人的收台速度快得那麼驚人，一個用了幾日時間佈置的舞台，他們用不到半小時便收拾妥當。難道是趕著回去睡覺嗎？

經過一番波折的「香港超越樂隊演唱會」至此曲終人散。如今只餘明天的遊覽節目，後天便要離京了。

1988 年 10 月 17 日　北京・長城

第二天早上九時，大家雖然睡意仍濃，還是爬起來到偉大的長城去。主辦單位的劉小姐和幾位同事已在車內等候多時了。這幾天來的緊張氣氛至今已煙消雲散，其實大家都是為了事情做的好，起衝突定是難免的了。

八達嶺長城真遠，坐了兩小時車才到。途中一段堵車時，看見一個被玉米稈（草席）蓋著的死人躺在路邊，前後都停放了一輛載著柴木的騾車，零星的柴木散在地上，有幾十人圍著觀看，就獨欠救護人員出現。

第一次到長城，沒有想像中的偉大。我們爬上左邊的長城，爬到最高的烽火台，當中經過一截頗陡斜的梯級時，雖然有點危

險，但有很多老人也爬得上，我們又何來好漢的氣概呢，反而從長城北看塞外的風光，卻有一份不能從口説出來的那種一望無際的感覺。

走完長城，又趕著去頤和園。抵達時已近日落西山了，誰還説要去十三陵、故宮……

1988 年 10 月 18 日　北京・香港

第二天吃過早餐，便出發去機場。大家最高興的笑容好像現在才出現。樂隊準備回港後隔兩天便到泰國度假，家強更説恨不得從北京直飛曼谷。

抵達機場。我立即去找那個鄭先生的朋友。等了一個半小時才見蹤影。此時其他七個人已進入候機樓了。我給他五百五十五元人民幣及工作證，他皺起眉頭説現在檢查很嚴，人民幣不知行不行，反問我有沒有外匯券。我這時候才發現我只有一千塊港幣，還差兩百塊才夠。我求他幫幫忙，試一試吧！否則真是挺麻煩的。

他進售票處一會兒便出來，答案是不行，還説就是行，我也開漏了「介紹信」啊。我的天，我現在應該怎麼辦啊！他叫我自己想辦法，想好去找他。我呆在沙發上，打電話去叫朋友來救命好像很過分，自己入城找人又費時失事。他們的飛機還差五分鐘便起飛，我便進入海關問那職員是否可以叫飛機上的人下來，他堅決説不。

這時候我已留在機場超過三小時了。最後想到為何不找一個香港人換錢呢？只是換兩百元就行。我會用一比一或超過一比一的人民幣跟他換。在離境處，怎麼都沒有香港人，於是又拿著兩手行李跑到下層入境處看看，終於發現幾個西裝筆挺的青年人，看來是出差來的，我便上去細說原因。他們起初並不答應，最後還是可憐我，給了我兩百元港幣，卻堅決不要我的人民幣。我送了一本《大影畫》的創刊號並圈著我的名字，還留下傳呼機號碼，讓他回港後便傳呼我還錢。

此時我才舒了一口氣，兌換外匯券後，找到那個職員，便把五百五十五元的外匯及回鄉證給他。他進入售票處後，再出來問我拿工作證。這時候我已知道他搞什麼鬼了。但是誰叫我趕著走，我能不給他任意宰割嗎？

終於我得到一張沒有寫明用外匯購買的北京到廣州機票及他殷勤的、不排隊的過關服務，臨行前還跟他熱情握手，他說：「以後有什麼事，可隨時來找我。」我帶著滿腔憤慨離開北京，還是誤點了一小時起飛的飛機。

Beyond 是第一隊在內地開自己演唱會的樂隊。

我卻面對了二十多年來最狼狽的一件事。

「超越大地的五天，開心嗎？」

「還可以。」

附錄二：黃家駒

一轉眼十三年了。應該是 1991 年的某個晚上，在那個我們一班文藝青年經常聚集的麗柏咖啡廳裡，我最後一次碰見家駒。那咖啡廳現在是尖沙咀美麗華廣場四樓。

我們沒有約定見面。在那個時候，我們一班朋友都是有空就會跑到那裡，遇到誰就跟誰坐到一塊談天説地。那夜，我一個人先到，家駒也是一個人後到。他坐下就聊起他們樂隊 Beyond 準備去非洲的事。

之後沒見面沒聯繫的那兩年，我在北京搞大地唱片，很忙很忙。他們樂隊進軍日本市場，長期也住在那裡。還記得我在北京的時候，通過他們的經理人陳健添寄來家駒作曲的 demo，只有他哼著的旋律和結他伴奏。我寫了跟他合作的最後幾首歌《長城》、《農民》和《情人》。

再一次見到他就是兩年後他出殯的那天。

我第一次知道 Beyond 是在 1983 年 3 月 6 日。那天是在香港藝術中心舉行，由《結他雜誌》（主編是黑鳥樂隊的郭達年）主辦的樂隊比賽。這個日子我記得那麼清楚，是因為我當晚看到一個美女觀眾，後來竟然在街上重逢而發展為一個暗戀故事，讓我日後給張學友寫了多首情歌去懷念她。

那個比賽，Beyond 以一首前衛搖滾（progressive rock）風

格的作品《腦部侵襲》（Brain Attack）得了冠軍。我當年也是一份與朋友合資了三年的音樂雜誌《現代青年人週報》的總編，於是，我相約了他們一兩星期後做一個訪問。

我們在九龍佐敦的一家茶餐廳見面。那時候，他們還是地下樂隊，沒錄過音，阿 Paul 還沒加入。我現在還記得為了拿一張照片，再約了鼓手世榮某天在葵興地鐵站見面的情境。

那篇訪問最終沒寫出來，因為我的雜誌倒閉了。

1985 年，我的朋友陳健添正在經營一家獨立製作的 label，他當時租住我家的房間。有一天我問他知不知道有個樂隊叫 Beyond 的，他說不知道。我告訴他 Beyond 不錯，過幾天有個演唱會，可以去看看。就是那個在堅道明愛舉行的「Beyond 再見理想演唱會」。

他們後來簽了約，推出了 EP《昔日舞曲》、LP《亞拉伯跳舞女郎》，趕上了香港當時的樂隊潮流，小有名氣。我也在 1986 年參加了一個填詞比賽得了冠軍，就是 1988 年夏韶聲演唱的《說不出的未來》（原曲是《李壽全作曲和演唱、張大春作詞的《未來的未來》》）。就是這個緣故，陳健添找我幫 Beyond 在下一張專輯寫了《現代舞台》（1987），開始了跟家駒的合作。而第二次合作的《大地》（1988），讓大家都初嘗成功的果實。

1988 年夏天，剛剛冒出頭來的 Beyond 便到北京舉行兩場演

唱會。我因為已經到過兩次北京，有幸被他們邀請同行作為導遊。一個唱廣東歌的樂隊當年能到北京首都體育館開演唱會，在各方面來說都是前所未有的，所遇到的困難也是一浪接一浪。家駒在我的推薦下準備了唱崔健的《一無所有》，我也臨時把《大地》、《舊日的足跡》寫了國語版。

聽家駒説在他們彩排時，崔健去看了。不過以當時家駒的普通話水平，相信大家也很難聊到一塊。那趟旅程，我跟家駒同住一房，讓我發現男人原來也可以有很多美容用品的。

很多記者問過我怎樣跟家駒合作的。其實替他填詞的六七年間，我跟他從來沒有直接聯繫過關於寫歌的事，事情都是通過經理人、唱片公司、製作人等。我每次歌詞用傳真機發出後，都不會收到任何人的回音，沒有修改要求也沒有人説好與壞。但是《歲月無聲》、《灰色軌跡》等十多首歌就是這樣出來了。

我常想，如果家駒不會寫詞，不是英年早逝，我們合作到現在，我應該可以多賺很多很多版税。

那夜在咖啡廳，他説要去非洲。我問去非洲哪裡，他説去非洲首都。我當時只是一笑。他為什麼在肯尼亞回來就能寫出 *Amani* 的？除了天才，還能説什麼。

—**2004 年 7 月 29 日　珠海**

附錄三：Beyond 御用填詞人

Beyond 御用填詞人這個外號，應該是 1988 至 1989 年左右開始有的，當時幫他們才填了幾首歌。其實二十多年來都有點抗拒，因為名不副實。對比其他同期出道的樂隊御用填詞人，我的數量是最少的。

家駒離開之前，我以作詞為職業已經有點名氣，經營大地唱片也有成績，對 Beyond 與我的關連並非十分在意。可我唯一一次在觀看現場時，熱淚盈眶好想哭出來的，是家駒離世後 1993 年香港商台辦的紀念演唱會上，林憶蓮撕心裂肺唱著《情人》時。這時候，Beyond 只有十年歷史。

家駒走後，三人的 Beyond 我沒怎麼替他們擔心，因為我覺得阿 Paul、家強與世榮也很強大。雖然以前是以家駒為首，但 Beyond 一直給我感覺是一個很平均的組合，其他人並不是家駒的伴奏樂隊，他們是一體的。三人時期我仍然有幫 Beyond 寫詞，《二樓後座》（一個精彩的專輯名字）裡我很勵志地給出《仍然是要闖》，之後，我覺得他們更像一支勇於創新的搖滾樂隊，非常《打不死》。他們 1999 年説暫時分開，我也沒有傷感，因為我相信合久必分、分久必合。

2003 年沙士爆發前夕，Beyond 的工作人員阿龔找我，寫一首家駒遺作，我收到的依然是個很典型很粗糙，只有家駒哼唱和結他伴奏的 demo，但那時候已經是 email 傳來的。我當時

又覺得這個 Beyond 御用填詞人身份還是非我莫屬，雖然我並不在乎。結果，歌詞竟然被要求修改，最後出版的卻是換了黃偉文填詞的《抗戰二十年》，我那份詞被廢掉了。事實上，我寫那份詞時，並沒有意識到 Beyond 二十年這個意義，我只是想到他們作個人發展已經四年了，所以我的重點是像歌名講的《今天的火花》。

沒想到，沙士爆發期間，他們就復合在香港開多場演唱會，之後還到處巡迴，紀念 Beyond 二十年。而我，當時隱居珠海，遊手好閒，也沒什麼人找我寫詞。然後，2005 年，他們再度巡迴，並宣佈正式解散。通過這兩次巡迴，我們強烈感受到 Beyond 有多受歡迎，Beyond 的歌曲有多流行了。尤其在互聯網時代，我很容易就知道在遙遠的東方，遼闊的邊疆也有很多 Beyond 歌迷，而且都是唱著粵語版。一切一切，感覺到了沸騰的頂點，往後的日子，應該是燦爛歸於回憶與懷舊了吧。

2008 年，家強製作了五首家駒的遺作、搞了一個展覽和一些座談會、辦了一場全香港大部分樂隊都參與演出的向家駒致敬的大型演唱會，Beyond 三子最後也同台演唱了幾首歌。這一系列《弦續——別了家駒十五載》活動都在香港舉行，那年，我由珠海搬到深圳居住，近在咫尺，我卻一個沒參加，只是應家強邀請填了三首詞《無人的演奏》、*We Are The People* 和《奧林匹克》。我自己很滿意，家強也很喜歡，說我真的很了解家駒。

今年 Beyond 成立三十年，家駒離開二十年。出乎意料的是，

在一片紛紛擾擾的聲浪與期待下，三子連一場復合演出都沒有。而從網絡上感覺到，失望的歌迷不只是 60 後 70 後 80 後，其實相當多的是 90 後。這說明了 Beyond 在過去十年，依然不斷吸引到新歌迷，這在華人音樂界是非常罕有的事。這種經典，通常是屬於在 1960 至 1970 年代出現的西方樂隊身上，就相當於現代人還不斷有人聽貝多芬和莫扎特，也像我自己在披頭四 1970 年解散後多年，我才迷上他們的音樂一樣。

從 1983 年認識 Beyond，到 1987 年開始歌詞合作。就是說我從青春的二十一歲認識他們，然後一直跟他們不冷不熱地交往，經歷了香港以至內地過去三十年的《大時代》。

幸運的我，三十年來跟著他們走過《灰色軌跡》，穿過《大地》，見過《農民》，爬過《長城》，傍徨著《誰伴我闖蕩》，忍受著《無淚的遺憾》，總覺得《夜長夢多》，就差點飛出《太空》。這段路，目擊他們由出道、奮鬥、成名、失落、再奮鬥，以至解散，到個人發展。我跟他們依然不算很熟，但卻都有不少《逝去日子》，回頭再看已是《歲月無聲》。

我相信，再過五年，00 後的 Beyond 歌迷也會加入。五十年後，我就不知道了，但我會一直悄悄關注。但願所有流行音樂歷史裡記載 Beyond，也會順便提到有個非常搖滾的御用填詞人就好了。

　　　　　　　　　　　　　　— 2013 年 6 月 24 日　香港

後記：二十年前的今日，家駒在日本發生意外。

《香港 Xiang Gang》黑膠唱片 | 資料提供：Nick Man

《再見理想》錄音帶｜資料提供：吳貴龍

Side A

永遠等待 (5'05")
曲：黃家駒，陳時安／詞／編曲：黃家駒，
葉世榮，黃家強，陳家安

酷熱在這晚上，我被起黑皮裡，
現在沒法抵抗，心中的猛火，
巨大喊聲音，打進我心底，
幻象眼閃光使我呼吸加速，
現在就要爆發。

盡量在這一刻拋開假面具，
盡量在高聲呼叫，衝出心中障礙，
陣陣喊震盪，激發我喪癲，
熱汗在你面上洒到我身邊，
現在就要爆炸，但願直到永遠。

整晚嘅叫叫聲已停，耀目的燈光已轉黑暗
獨自在街中我感空虛，過往嘅一切都似夢
但願在歌聲可得一切
但在現實，怎得一切，
永遠嘅等待，永遠嘅等待……………

巨人 (5'43")
曲：黃貫中，黃家駒／詞：葉世榮／
編曲：黃貫中

看看這個世界每秒在變
每個變化也會再次令我
不知所措，不知怎樣找它的真理。

我已佔有智慧也會害怕
過往智慧看似再也沒法
解釋今天，解釋心中所有的，
問號是一樣

「我要奮鬥設法變作勇猛
預備日後落力為着使命」

我要帶領世界再創道理
那會放棄每個教訓令我找到一切，
找到心中的理想，力量像火焰

Long Way Without friends (6'51")
曲：黃家駒／詞：黃家駒，陳時安／
編曲：葉世榮，黃家強

The sun is scorching down
And the sand reflect its light
I'm moving with my shadow
Through this empty haunted land
Strange sounds from nowhere
And the strong wind cut my face
Nobody'll help
But what else can I do?

＂   Oh, Lord I need your help
In the sky there's a eagle soaring by
Oh, Long way without friends
But I'll never, never change my mind

The moon is hanging high
With her lonely stars behind
The moonlight lit the ground
The moonlight give me a chill
But only the moonlight
Will show me my way
Nobody'll help
But what else can I do?

The gift is in my hands
And the road before my eyes
The fire haas caesed to burn
I can feel the torture's gone
But will it last for long
when the spell is still around
Nobody care
But what else can I do?

Last man who knows you (1'54")
曲：黃家駒，黃家強，黃貫中／編曲：黃家駒

Myth (6'35")
曲：黃家駒，陳時安／詞：陳時安
／編曲：葉世榮，黃家強，黃家駒，陳時安

It was a story told for years
When a young girl dwelled this land
With eyes shone like the star
And a smile that charmed both heaven and earth

The moon was ashamed when next to her
And the flowers bowed their heads
Her songs could tame the beasts
Her hands could wave all sorrows away

Chorus: Yet that Fate was envy 'bout this girl
And a plot was planned to lay her down

To a pasture she was led
Where the grass was always green
In the midst of this wonderland
Stood the plant that'd bring her permanent end

The plant of death was in her eyes
Sending its fragrant through the air
laughter form below was heard

With a touch the task was done
Like an arrow it speared her heart
Like venom it killed her light

As her body slowly dropped
Stopped the singing from around
Her soul left without a sound

The god of love was deeply hurt
When the tragedy was known
It cut right into his heart

With tears and pain he flew to her
To end this sorrow he drawn his sword
How red the blood that sprayed around

As the thorns grew around its stem
And the petals stained in red
Turned the plant into a rose

再見理想 (7'10")
曲：黃家駒／詞／編曲：黃家駒，
黃家強，黃貫中

獨坐在路邊街角，冷風吹醒，
默默地伴著我的孤影，只想將
訴出辛酸。就在這刻想起往事

＊「心中一股衝勁勇闖
拋開那現實沒有顧慮
彷彿身邊擁有一切
看似與別人築起隔膜。」

幾許將烈酒斟滿那空杯中
藉着那酒洗去悲傷
舊日的知心好友何日再會
但願共聚互訴往事。

＊
一起高呼Rock n' Roll

意見箱－請寄：九龍旺角洗衣
三樓後座

Side B

Dead Romance (Part
曲：黃家駒／編曲：黃家駒

舊日的足跡 (6'30")
曲：黃家駒／詞：葉世榮／
編曲：葉世榮，黃家駒
Beyond音樂會，現場
鍵琴：林鎮培

我要再次找那，舊日的足跡
我要找那過去，那夢幻歲月
腦裏只有她的臉，依唏想起
心中只想再一看，面上滿是

＊「每一張可愛，在遠
每一分親切，
在這個溫暖嘅鄉故

雨細細，路綿綿，心中只是
每次走到街頭，路上獨對影
在這個黑暗漫長，寂靜沒有
身邊擁有一個你，伴着我走

再次返到家鄉裏，夢幻似的
看有多少生疏的臉，默默地
那處一片綠油油，早風輕輕
聽聽媽媽低聲訴，那舊日

已過去的不可再，今天只
一雙只懂笑的眼，落淚又
嗚！……………

《再見理想》錄音帶所附的歌紙｜資料提供：吳貴龍

誰是勇敢 (6'18")
曲：黃家駒／詞：葉世榮／
編曲：葉世榮，黃家駒

* 誰能忘掉你，誰能忘掉以往世上，
　人人懷着信，誰能明白這些故事，
　但願啟示上的一切，別像火炬在曙光中
　無人能避免，時常懷着降世慈罪，
　無情含着血，毫無餘地去喊吶，
　受盡飢餓的苦痛，
　末日可遇在烈火中。

彼此相依不可分一秒，沒有一件是難事，
是你一樣創造我，到底備要找受罪，
爭取一點空虛的軀殼，未會擁有着期望，
沒法只有閉着眼，在這安寧痛苦中。

　　　　　*

急促的一生，不知所作看似夢，
不必多說那是對，再要指引那一方，
誰願意？誰是勇敢？

悲哀的一生，多少失意當慈夢，
即使刻意創造我，操作一切去犧牲，
誰願意？誰是勇敢？

風霜的燭光，可知眨眼要快逝，
一生充滿那罪惡，燭光不要太妄想，
誰願意？誰是勇敢？

傷心的燭光，他朝可會有救晴，
給他一個快樂印，衝出黑暗再放光，
誰願意？誰是勇敢？

The Other Door (4'18")
曲：黃貫中，黃家駒／編曲：黃貫中，
　黃家駒

飛越苦海 (4'00")
曲：黃家駒／編曲／詞：黃貫中，黃家駒，
　葉世榮，黃家強

這世界令你害怕，你也要莫嘆奈何，
這變化下了烙印，有勇氣面對未來黑暗，
　*「不敢張眼望，但你要張眼望，
　　想起可怕地，
　　衝出他朝的障礙，實在是夢想，
　　彷彿天天都發夢，實在是混濁，
　　蓄生都要飛越苦海。」

我與你要盡快路上，那個永遠自我路途，
告訴我那處避免，這世界快沒有自由，

　　　　　*

這世界令你害怕，有勇氣面對未來，
告訴我那處避免，這世界快沒有自由。

木結他 (即興彈奏)
(演奏)：黃家駒

Dead Romance (Part II) (4'00")
曲：黃家駒／詞：黃家駒／編曲：鄧偉謙，
黃家駒，葉世榮
Man, what are you thinking of
Man, what do you need
Man, nobody tell you what to do
Man, you'need somebody to hurt

Chorus:　　It's a rainy night
　Can you hear me?
　It's a rainy night
　Can you help me?

Man, you feel so lonely
Man, can you hear the message come from the sky
Man, you are driving into the rain
Man, you know it's time to find the prey

Chorus:　　In a rainy night
　Can you hear me?
　In a rainy night
　Can you help me?.

P+C 1986

錄音日期：一九八六年一月
黃家駒：電結他，木結他，主唱，Slide 木結他
Instrument: Fender Stratocaster, Ovation Acoustic
　　　　　Guitar, Fender Twin Reverb, Music Man Amp.
Effect:　　Distortion, Compression Sustainer, Flanger,
　　　　　Analog Delay, Octave,Chorus.
黃貫中：電結他，和唱
Instrument: Fender Stratocaster，Marshall,
　　　　　Fender Twin Reverb, Music Man Amp.
Effect:　　Distortion, Overdrive, Compression,
　　　　　Sustainer, Analog Delay, Chorus.
黃家強：低音結他，和唱
Instrument:　Fender Precision Bass
Effect:　Chorus.
葉世榮：鼓，敲擊，和唱
　　　　　　　Milestone Drums,Rototom,Yamaha Snare.
　　　　　　　Cymbal, Gong，中國武漢鈸
監製：Beyond, 張景謙
錄音室：一鳴音樂中心
　　　　（九龍佐敦道立信大厦十七樓D座）
錄音師：麥一鳴
混音：Beyond. 張景謙，麥一鳴
封面概念：黃貫中
封面攝影：黃貫中
鳴謝：劉宏博，許志誠，黃焯誠，李俊雲，陳建添
　　區新明，爆炸基，麥偉強 Gary, Connie,
　　亞標，麥一鳴，張景謙，譚志偉，譚志華
　　Ansel Van Aloo Production Co..

《永遠等待》限量版套裝 CD ｜資料提供：Nick Man

WATER BOY

昔日舞曲

金屬狂人

灰色的心

監製 LESLIE CHAN・BEYOND
錄音 DAVID LING JR.
型像 GORDON O YANG・PHILIP KWOK
攝影 JINLY POON
封套製作 林友生/CHICAGO STUDIO/
服裝 A-HIMOON LTD.
髮型 TONY LAW /VOGUE SALON
經理人 REND
透明度 鍵頭傳言
鳴謝 香港縣士俊會
      金生店縣XAM SUNG SHOES

BEYOND

polydor 831 477-3

《永遠等待》限量版套裝手錶｜資料提供：Nick Man

《現代舞台》專輯封面 | 資料提供：曹先生

《秘密警察》專輯封底面 | 資料提供：曹先生

曲：黃家駒　　詞：劉卓輝

大地

在那些蒼翠的路上
歷遍了多少創傷
在那張蒼老的面上
亦記載了風霜
秋風秋雨的度日
是青春少年時
迫不得已的話別
沒說 "再見"

＊回望昨日在異鄉那門前
　　啞唖的感慨一年年
　　但日落日出永沒變遷
　　這刻在望着父親笑容時
　　竟不知不覺的無言
　　讓日落暮色漆滿淚眼

在那些開放的路上
路碎過多少理想
在那張高掛的面上
被引證了幾多
千秋不變的日月
在相惜裏共存
姑息分割的大地
劃了界線

＊重覆

曲：黃貫中

《秘密警察》專輯裡《大地》的歌詞 | 資料提供：曹先生

《真的見證》專輯內頁及歌迷會入會申請表｜資料提供：曹先生

《命運派對》專輯內頁｜資料提供：曹先生

《命運派對》專輯裡《無淚的遺憾》的歌詞｜資料提供：曹先生

天若有情

天若有情

灰色軌跡 5:17

各有各的方向與目的
何妨面對要可惜
先不去痕跡
到那裏都願你要認識
誰能為我去擺脫
心一再回憶

Woo……不想你別去
這個世界已不知不覺的空虛
你眼裏卻此刻充滿淚

△我已背上一身苦困後悔與唏噓
盡是深淵的水影
★踏着灰色的軌跡

再有哪些掙扎與飄泊
前路沒法看得清
衝不破牆壁
過去了的一切會平息
何時麻醉我憂抑
酒一再沉溺

《天若有情》專輯裡《灰色軌跡》的歌詞 ｜ 資料提供：曹先生

《猶豫》專輯封面 ｜ 資料提供：曹先生